Transhumanismus

Der Soziologe und Politikwissenschaftler **Nicolas Le Dévédec** ist Associate Professor an der Universität HEC in Montréal (Kanada) und in Rennes (Frankreich) und hat sich mit einer Reihe von Publikationen als Kenner des Transhumanismus hervorgetan.

Ein verlagsneues Buch kostet in ganz Deutschland und Österreich jeweils dasselbe. Das liegt an der gesetzlichen Buchpreisbindung, die dafür sorgt, dass die kulturelle Vielfalt erhalten und für die Leser:innen bezahlbar bleibt. Also: Egal ob im Internet, in der Großbuchhandlung, beim lokalen Buchhandel, im Dorf oder in der Stadt – überall bekommen Sie Ihre verlagsneuen Bücher zum selben Preis.

Dieses Buch ist auf Papier gedruckt, für das Holz aus nachhaltiger Forstwirtschaft verwendet wurde.

All unsere klimaneutral gedruckten Novitäten und Nachdrucke finden Sie auf climatepartner.com unter Angabe der ID 13916-1911-1001. Hier erhalten Sie auch Einblick in die Klimaschutz- und sozialen Projekte, die wir mit Ihrer Hilfe unterstützen.

© 2025 Verlagshaus Jacoby & Stuart
Verlagshaus Jacoby & Stuart GmbH,
Esmarchstr. 25, 10407 Berlin
E-Mail: verlag@jacobystuart.de
Druck und Bindung: Finidr
Printed in the Czech Republic

ISBN 978-3-96428-274-3
www.jacobystuart.de

Nicolas Le Dévédec

TRANSHUMANISMUS

Aus dem Französischen von Edmund Jacoby

Verlagshaus Jacoby 🏠 Stuart

INHALT

Einleitung 7

1. KAPITEL

Die ideologischen Ursprünge des Transhumanismus ... 11
  I. Die Aufklärung und die Suche danach,
     den Menschen zu vervollkommnen 12
  II. Im Zeichen des Fortschritts:
      von der Wissenschaftsgläubigkeit zur Eugenik 18
  III. Die Kybernetik und die Idee der
       Koppelung von Mensch und Maschine 25

2. KAPITEL

**Entstehung und Gründung
der transhumanistischen Bewegung** 33
  I. Die Vorläufer der Bewegung 34
  II. Max More und der Extropianismus 40
  III. Die Gründung der
       World Transhumanist Association 45
  IV. Eine vielfältige Bewegung 50

3. KAPITEL

**Der Transhumanismus, seine Werte
und seine wichtigsten Forderungen** 57
  I. Sich von der »Tyrannei der Natur« befreien 58
  II. Die menschlichen Fähigkeiten vervollkommnen,
      die Grenzen des Todes verschieben 63
  III. Die Freiheit der Selbstgestaltung
       und das Prinzip der Proaktivität 68
  IV. Globale existentielle Risiken
      und das Überleben der Spezies Mensch 72

4. KAPITEL
Biokonservative gegen Bioliberale:
Es geht um die Natur des Menschen 77
   I. Ist die menschliche Natur in Gefahr? 78
  II. Ein Symptom dafür, dass
      der Mensch seiner selbst müde ist 83
 III. Wir sind schon immer Cyborgs gewesen 88
 IV. Lieber regulieren als verdammen? 93

5. KAPITEL
Der Transhumanismus, eine politische,
soziale und ökologische Herausforderung 99
   I. Der Transhumanismus oder
      die Entleerung des Politischen 100
  II. Der erweiterte Mensch –
      das höchste Stadium des (Bio-)Kapitalismus? 106
 III. Der Transhumanismus oder das
      andere Gesicht der ökologischen Krise 113

Fazit 121

Anmerkungen 125

Literatur 143

Einleitung

Der Transhumanismus ist eine Ende der 1980er Jahre in den USA entstandene Denkrichtung, die von unterschiedlichen Unternehmern, Ingenieuren, Philosophen und Großunternehmen unterstützt wird. Der Transhumanismus ist vor allem von dem Streben erfüllt, mit technischen Mitteln den Menschen von all seinen biologischen Beschränkungen zu befreien. Für die Transhumanisten befindet sich die menschliche Spezies an einem Wendepunkt ihrer Geschichte. Dank der technisch-wissenschaftlichen und biomedizinischen Fortschritte seien wir von heute an in der Lage, unsere eigene Evolution voranzutreiben, was zu der Hoffnung Anlass gebe, dass wir unsere sämtlichen intellektuellen, physischen und auch emotionalen Fähigkeiten verbessern und schließlich sogar das Altern und den Tod immer weiter hinausschieben können, um schließlich ewig zu leben. Noch vor anderthalb Jahrzehnten in der großen Öffentlichkeit so gut wie unbekannt, steht der Transhumanismus heute im Mittelpunkt erbitterter Debatten über die Zukunft des Menschen. Er übt große Faszination aus und hat sich als ebenso unvermeidliches wie kontroverses gesellschaftliches Thema etabliert, denn in ihm kristallisieren sich die Hoffnungen und die Ängste, aber auch die Phantasmen unserer Zeit, und er führt zu zahlreichen immer sensationsheischenderen Erklärungen. »Die Übermenschen, die in den kommenden hundert Jahren das Licht der Welt erblicken, werden sich zweifellos noch mehr von uns unterscheiden als wir uns vom Neandertaler oder dem Schimpansen unterscheiden«[1], versichert uns der Historiker Yuval Noah Harari.

Dieses Buch möchte aus einer gewissen Distanz eine kritische Einführung in den Transhumanismus bieten. Eine Einführung vor allem deshalb, weil es trotz einer Inflation von Veröffentlichungen nur wenige Arbeiten zum Thema[2] gibt, die diese Bewegung ausgehend von den Ideen und Werten betrachten, die sie definieren, und sich auf die Untersuchung ihrer wesentlichen Schriften stützen. Während dieses Buch seine Leserinnen und Leser auf didaktische Weise in das transhumanistische Universum einführt, möchte es ebenso sehr zu einem kritischen Blick beitragen auf die Umgebung des Transhumanismus und auf die Diskussionen, die er entfacht. Durch das, was er fordert, führt er zu vielerlei lebhaften und leidenschaftlichen Reaktionen, die es gewiss nicht leichter machen, dieses bewegende und komplexe Thema mit der erforderlichen Distanz zu behandeln. Woher rührt dieser Ehrgeiz, den menschlichen Körper und seine Endlichkeit technisch zu überwinden, und was sagt er über unsere Gesellschaften aus? Soll man den Transhumanismus aus dem Grund verdammen, dass die Verwirklichung seiner Ambitionen die menschliche Natur selbst gefährden würde, wie einige seiner Gegner fordern? Oder sollte man stattdessen versuchen, die technischen Entwicklungen, auf die er sich bezieht und die in vieler Augen unvermeidlich sind, einzuhegen und zu regulieren? Oder könnte die Debatte ganz anders laufen?

Dieses Buch stellt also eine allgemeine Untersuchung des Transhumanismus und seiner unterschiedlichen Facetten dar, angefangen mit den ideologischen Ursprüngen des Transhumanismus (1. Kapitel), über seine historische Entstehung als Denkrichtung (2. Kapitel) und die zentralen Werte und Forderungen, die seine Vertreter vortragen (3. Kapitel), bis zu den Kontroversen, die er von Beginn an immer wieder erzeugt hat (4. Kapitel). Darüber hinaus lädt es dazu ein, in einem weiteren Rahmen darüber nachzudenken, welche allzu oft übersehenen politischen, sozialen und ökologischen Implikationen diese Ideologie hat (5. Kapitel), im Kontext der ökologischen Dringlichkeiten und des immer größeren Einflusses des Kapitalismus und der Tech-Unternehmen auf unser Leben.

1. KAPITEL

Die ideologischen Ursprünge des Transhumanismus

Während der Ehrgeiz, den Menschen und seine Fähigkeiten zu »erweitern«, der den Kern des Transhumanismus darstellt, eine relativ neue Erscheinung ist, ist der allgemeinere Wunsch, die Lage des Menschen zu verbessern, auf den sich die Bewegung beruft, keineswegs ganz neu. Er hat seine Wurzeln in einer langen Geschichte, auf die wir in groben Zügen zurückgehen müssen, um die Vorstellungswelt des Transhumanismus in eine historische Perspektive zu stellen und das Ideal des »erweiterten« oder »verbesserten« Menschen, des »Enhanced Human«, durch das er definiert ist, aus der nötigen kritischen Distanz zu sehen. Drei historische Schlüsselmomente scheinen wichtig zu sein, um sowohl die ideologische Vorgeschichte der Bewegung als auch die historischen Diskontinuitäten zu beleuchten, aus denen sie hervorgegangen ist. Der erste dieser Momente war die Popularisierung des Glaubens daran, dass der Mensch sich vervollkommnen kann, im Humanismus der Aufklärung des achtzehnten Jahrhunderts, der bereits, ohne sich darauf zu beschränken, die Hoffnung auf eine biologische Perfektionierung des Menschen enthielt. Der zweite war die Folge der wissenschaftlichen Revolution des neunzehnten

Jahrhunderts, in der sich geradezu ein Kult des wissenschaftlichen und technischen Fortschritts entwickelt samt einer evolutionistischen und eugenischen Vorstellung von der Verbesserung des Menschen. Der dritte wichtige Zeitabschnitt, den wir ausmachen, ist der der Entstehung des kybernetischen Denkens, das seit der Mitte des zwanzigsten Jahrhunderts daran arbeitet, die Grenzen zwischen dem Lebendigen und der Maschine zu beseitigen und damit den Weg für den Ehrgeiz frei macht, den Menschen technisch zu verbessern oder sogar zu ersetzen.

I. Die Aufklärung und die Suche danach, den Menschen zu vervollkommnen

Auch wenn sie noch ältere Wurzeln hat, bleibt die Vorstellung, den Menschen mit rationalen Mitteln verbessern zu können, zum großen Teil eine Folge der Entstehung der modernen Zivilisation des Westens. Sie ist nicht zu trennen von der humanistischen Philosophie der Aufklärung und dem Glauben an die Vervollkommnung des Menschen, die sich schon in der Renaissance am Horizont zeigt und sich mit Macht im achtzehnten Jahrhundert durchsetzt.[1] Als Grundlage des modernen Humanismus markiert diese Idee, der zufolge der Mensch ein verbesserbares Wesen ist, das heißt, sich selbst mit seinen eigenen Mitteln verbessern kann, in der Tat einen großen Bruch in der Geschichte. Sie bricht radikal mit der Überlieferung und ihrem Bezug auf Gott oder eine unveränderliche Natur – so wie bis dahin die Stellung des Menschen in der Welt verstanden worden war. Als wahrer Herr seines Schicksals ist der Mensch für die Aufklärung, was er aus sich selbst macht, so wie es bereits in der Renaissance einige Abhandlungen feiern.² Seit dem Beginn der Neuzeit ist dieser Glaube daran, dass der Mensch sich vervollkommnen kann, offenbar untrennbar mit dem wissenschaftlichen und technischen Projekt verbunden, »sich zum Herrn und Besitzer der Natur zu machen«, um es mit den Worten des Philosophen René Descartes zu sagen. Aus diesem Grund taucht das Denken der Aufklärung sehr häufig in den Abhandlungen der Transhumanisten von den Ursprüngen ihrer Bewegung als eine der wichtigen historischen Quellen auf. So erklärt zum Beispiel der transhumanistische Denker James Hughes: »Der Transhumanismus, der Glaube daran, dass die Wissenschaft genutzt werden kann, um die Grenzen des Körpers und des Gehirns zu überwinden, geht auf Ideen der Aufklärung zurück, auf einen Teil der philosophischen Familie der Aufklärung.«³

Die Natur, um die es geht, ist nicht nur die für die Menschen äußere. Sie umfasst auch die Gesamtheit des menschlichen Körpers, den man wissenschaftlich untersuchen und technisch beherrschen möchte. So, wie es der Philosoph Pierre-André Taguieff erklärt: »Die Leitidee hierbei ist die, dass das Programm einer vollkommenen Beherrschung der Natur sich mit der Herrschaft des Menschen über seine eigene Natur vollendet.«⁴

Der englische Philosoph Francis Bacon war einer der ersten, die dieses Konzept in Form einer Utopie beschrieben haben. In seinem berühmten Werk *Das neue Atlantis*, 1627 posthum erschienen, zeichnet er das Bild einer auf eine Insel im Meer des Südens angesiedelten Gesellschaft, die sich der Wissenschaft und dem Experiment verschrieben und sich als letztes Ziel vorgenommen hat, »die Grenzen des menschlichen Herrschaftsbereichs zu erweitern, um alles zu verwirklichen, was möglich ist.«[5] Das Werk endet mit der Aufzählung mehrerer seither berühmter »Wunder der Natur«, die an einige zeitgenössische technisch-wissenschaftliche Erwartungen erinnern:

> Das Leben verlängern. Bis zu einem gewissen Grad die Jugend wiederherstellen. Das Altern verlangsamen. Als unheilbar geltende Krankheiten heilen. Schmerzen vermindern […] Kraft und Schaffenslust erhöhen. Die Fähigkeit, Schmerzen zu ertragen vergrößern. […] den Körper verändern. Die Gesichtszüge verändern. Das Gehirn vergrößern und verbessern. Die Metamorphose eines Körpers in einen andern. Neue Arten erschaffen. Eine Art in eine andere transplantieren. […] Die Geister fröhlich und zufrieden machen.[6]

Doch es war der Philosoph Nicolas de Condorcet, bei dem dieses neuzeitliche Ziel, den Menschen und seinen Körper zu vervollkommnen, seine vollendetste Form annahm.

1795, ein Jahr nach dem Tod des Philosophen, erschien sein Werk *Esquisse d'un tableau historique des progrès de l'esprit*[7], eine »philosophische Hymne auf den Fortschritt«[8]. Diese oft als »Testament der Aufklärung« bezeichnete Gelegenheitsschrift symbolisiert den unerschütterlichen Glauben an die Fähigkeit des Menschengeschlechts, immer weiter fortzuschreiten, der einen großen Teil der Denker des achtzehnten Jahrhunderts beflügelt hat. Dieser Glaube an die unbeschränkte Verbesserbarkeit des Menschen hat bei diesem Philosophen auch eine deutliche gesellschaftliche und politische Seite, denn er wünscht sich, dass es durch Bildung und politischen Kampf zu einer »Beseitigung der Ungleichheit unter den Nationen« sowie zu einem »Fortschritt der Gleichheit in einem und demselben Volk« kommt.[9] Doch das Streben nach Vervollkommnung äußert sich auch im Projekt der wissenschaftlichen und technischen Beherrschung der Natur. Nachdem er die großen historischen Entwicklungsstufen des menschlichen Geistes nachgezeichnet hat, schreibt Condorcet begeistert von der Aussicht, dass die Menschheit eines Tages die Vervollkommnung ihrer natürlichen Fähigkeiten in die Hand nimmt:

> Wir können also zu dem Schluss gelangen, dass es keine Grenzen für die Vervollkommnung des Menschen gibt; gleichwohl haben wir ihm bisher stets nur dieselben natürlichen Fähigkeiten, dieselbe körperliche Organisation zugeschrieben. Was wäre aber erst die Sicherheit auf die Erfüllung seiner großen Erwartungen, wenn wir daran glaubten, dass seine natürlichen Fähigkeiten selbst, dass diese Organisation sich ebenfalls verbessern lässt![10]

Der Glaube an die Fähigkeit der Menschen, ihr natürliches Schicksal durch den Fortschritt der Wissenschaft überwinden zu können, gipfelt in der Hoffnung, mit technischen Mitteln die vom Tod gesetzten Grenzen verschieben zu können:

> Ist es nun absurd anzunehmen, dass diese Vervollkommnung der menschlichen Gattung als unbegrenzt weiter

fortschreitend betrachtet werden muss, sodass eine Zeit kommen wird, in der der Tod nur noch die Folge ungewöhnlicher Unfälle oder der immer langsamer vonstattengehenden Zerstörung der Lebenskräfte ist und die Dauer des durchschnittlichen Intervalls zwischen der Geburt und dieser Zerstörung nicht mehr deutlich begrenzt ist?[11]

Außer dem Rückzug des Todes geht es um den Willen, die menschliche Fortpflanzung zu kontrollieren, nach dem bei Tieren bereits angewandten und erprobten Modell der Auslese, das im achtzehnten Jahrhundert schon weit entwickelt ist. Im Vorgriff auf das im folgenden Jahrhundert systematisierte eugenische Denken sprechen sich Condorcet[12] und eine Reihe von Denkern der Aufklärung für die Beherrschung der menschlichen Fortpflanzung mit dem Ziel aus, die menschliche Gattung zu regenerieren.[13] Wir finden diese Idee auch in den Schriften des Arztes Charles-Augustin Vandermonde wieder, insbesondere in seinem 1756 veröffentlichten *Essai sur la manière de perfectionner l'espèce humaine*[14]: »… es ist an uns, die Natur zu wecken und ihr Werk fortzuführen, indem wir die Gestalt der Individuen vervollkommnen«. Dasselbe gilt für Schriften wie die des Arztes und Philosophen Pierre-Jean-Georges Cabanis, der 1802 seine *Rapports sur la physique et le moral de l'homme* (Berichte über die Physis und die Moral des Menschen) veröffentlicht. In diesem Essay äußert sich Cabanis verwundert und erstaunt darüber, dass man so viel Mühe auf die Verbesserung von Tierrassen verwendet habe, und so wenig auf die der Menschengattung:

Nachdem wir uns so begierig die Mittel angeeignet haben, die Rassen der Tiere wie der nützlichen und schmückenden Pflanzen schöner und besser zu machen; nachdem wir die Rassen von Hunden und Pferden hundertmal verbessert haben; nachdem wir verpflanzt, okuliert und auf jegliche Art an Nutzpflanzen und Blumen gearbeitet haben, ist es da nicht umso beschämender, dass wir die menschliche Rasse total vernachlässigt haben? [...] Es ist an der Zeit, in dieser Hinsicht wie in mancher anderen, einer systematischen Sichtweise zu folgen, die unserer Epoche der Wiederbelebung angemessener ist. Es ist an der Zeit, den Mut zu finden, auf uns selbst anzuwenden, was wir so glücklich mit manchen unserer Existenzgefährten getan haben; den Mut zu finden, das Werk der Natur zu korrigieren.[15]

Diese Worte von Cabanis fassen die Ambition gut zusammen, das menschliche Schicksal mit den Mitteln von Wissenschaft und Technik zu beherrschen, in der der Transhumanismus von heute zweifellos manche seiner Wurzeln hat.

Der neuzeitliche Glaube an die Vervollkommnung des Menschen beschränkt sich aber nicht auf dieses Projekt der Natur- und Weltbeherrschung; es lässt sich im Denken der Aufklärung nicht von einem allgemeineren gesellschaftlichen und politischen Projekt trennen, dessen Ziel es ist, die Bedingungen des menschlichen Zusammenlebens grundlegend zu ändern.[16] Erinnern wir uns, dass wir dem Philosophen Jean-Jacques Rousseau die Erfindung des Neologismus »perfectibilité« (Perfektionierbarkeit) im Jahre 1755 verdanken, in seiner berühmten *Abhandlung über den Ursprung und die Grundlagen der Ungleichheit unter den Menschen*[17]. Indem er den Menschen als ein Wesen begreift, das vollkommener werden kann, hebt Rousseau seine Unbestimmtheit, seine Autonomie und seinen freien Willen hervor. Der Mensch, der sich vervollkommnen kann, ist in den Worten von Alain Renaut »der, der die Normen und Gesetze für sein Verhalten nicht länger von der Natur der Dinge, noch von Gott erhalten möchte, sondern sie auf seine Vernunft und seinen freien Willen gründet.«[18] Auf diesen Glauben, demzufolge der Mensch das einzige Wesen ist, das fähig ist, frei sein Schicksal zu wählen, »während ein Tier nach ein paar Monaten das ist, was es sein Leben lang bleiben wird und seine Spezies nach tausend Jahren dieselbe ist wie im ersten dieser tausend Jahre«[19], gründen Rousseau und die Aufklärung ihre Forderung nach gesellschaftlicher und politischer Emanzipation. Diese Forderung, die den Kern des Ideals der Demokratie ausmacht, erfüllt sich in der Französischen Revolution und im Sturz des Ancien Régime.

II. Im Zeichen des Fortschritts: von der Wissenschaftsgläubigkeit zur Eugenik

Auch wenn der Gedanke einer biologischen Perfektionierung des Menschen mit Hilfe der Wissenschaft und der Technik auf den Humanismus der Aufklärung zurückgeht, so erhält er doch erst seit dem neunzehnten Jahrhundert seine breite Wirkung. Das gesamte Jahrhundert strebt zur *Zukunft der Wissenschaft*, um den Titel eines Werks von Ernest Renan aufzugreifen, und ist schlechthin eine Epoche, die von der Ideologie des Fortschritts geprägt ist:

»Wissenschaft und Technik«, heben Christian Miquel und Guy Ménard hervor, »werden nicht länger als Versprechen auf eine ›strahlende Zukunft‹ besungen und gefeiert«, sondern »werden auch zum Thema einer sozialen Mobilisierung, die sie selbst zu einem Wert macht, mehr noch, zum Kern eines neuen Kultes«.[1] Sowohl in seinem Willen, die Evolution des Menschen in die eigene Hand zu nehmen, als auch in der zentralen Stellung, die sie dem technisch-wissenschaftlichen Fortschritt bei der Verbesserung des menschlichen Körpers und seiner Fähigkeiten einräumen, ist der Transhumanismus ein Erbe des Szientismus und Evolutionismus des neunzehnten Jahrhunderts, während er den politischen und historischen Anspruch der Aufklärung völlig ausblendet.

Das Werk und die Ideen von Auguste Comte sind bezeichnend für die Wissenschaftsgläubigkeit des frühen neunzehnten Jahrhunderts, auf dem noch der Schatten des revolutionären Terrors lastete und das von einem tiefgreifenden Pessimismus geprägt ist hinsichtlich des politischen Vermögens der Menschen, eine gerechtere Gesellschaft zu schaffen. Bei Comte kommt eine organizistische Auffassung der menschlichen Gesellschaften zum Ausdruck; sie werden wie lebende Organismen betrachtet, die von unveränderbaren Naturgesetzen regiert werden. Der wissenschaftlichen Untersuchung dieser Gesetze soll sich die von ihm herbeigewünschte »physique sociale« widmen, um den Verlauf der Geschichte und die Zukunft der Menschheit zu bestimmen.

In diesem Sinne ersetzt Comte die der Aufklärung so wichtige Idee der Vervollkommnung des Menschen durch ein historisches Gesetz des Fortschritts, das er als »kontinuierliche, notwendige und dauerhafte Entwicklung auf ein determiniertes Ziel hin«[2] definiert. Dieses Gesetz, das »notwendig aus der instinktiven Tendenz der menschlichen Spezies, sich zu vervollkommnen«[3] hervorgeht – das berühmte Drei-Stadien-Gesetz – bestimmt, dass die Gesellschaften sich in einem Prozess wachsender Rationalität in drei Stufen entwickeln: dem theologischen Stadium, dem metaphysischen Stadium und schließlich dem wissenschaftlichen oder positiven Stadium, dem endgültigen Stadium, in dem das Volk seine Macht gänzlich den Wissenschaftlern und den Industriellen anvertraut hat.

Um das Erreichen dieses positiven Zeitalters zu beschleunigen, schlägt Comte 1822 einen *Plan der wissenschaftlichen Arbeiten, die für eine Reform der Gesellschaft notwendig sind*[4], vor, mit dem er, entsprechend dem Wunsch von Saint-Simon, die politische Regierung der Menschen durch die rationale Verwaltung der Dinge ersetzen möchte. Dieser unerschütterliche Glaube an Wissenschaft und Technik, durch die die Lage der Menschen verbessert werden soll, wird Auguste Comte am Ende seines Lebens sogar dazu führen, die Hoffnung auf eine Beherrschung der vitalen Funktionen der Bevölkerung zu formulieren.[5] In seinem *System der positiven Politik* fordert der Philosoph die Einsetzung einer »Biokratie«, das heißt eine rationale Regulierung des Lebens der Menschen hinsichtlich Sexualität, Reproduktion und Mortalität. Die positivistische Auffassung von Biologie, schreibt er, wird »natürlich zu einer umfassenden Forschung zur organischen Verbesserung führen, zuerst bei Pflanzen, dann bei Tieren und schließlich beim Menschen, insofern er zur Biologie gehört.«[6] Und weiter führt er aus:

> Diese biologische Doktrin wird auf würdige Weise eine wirkliche öffentliche wie private Hygiene ermöglichen. Sie wird beginnen, die edlen Vorhaben von Bacon und Descartes zu systematisieren, die in der Medizin eine Basis für unsere physische Vervollkommnung suchten.[7]

Doch natürlich war es erst die Veröffentlichung von *Die Entstehung der Arten* des Biologen Charles Darwin, die das Paradigma der Evolution zum Prinzip der Erklärung der Welt des Lebendigen erhob und das Projekt, die Spezies Mensch durch das Eingreifen in seine Evolution biologisch zu verbessern, konkret werden ließ. Der als Erfinder des philosophischen Evolutionismus bekannte und zu seinen Lebzeiten berühmte englische Philosoph Herbert Spencer – er ist »während etwa dreißig Jahren der in ganz Europa wie in den Vereinigten Staaten meistgelesene und einflussreichste Denker«[8] – hat eine entscheidende Rolle dabei gespielt, dies umzusetzen. Spencer, der einen wahren Lobgesang auf den Fortschritt anstimmt, den er geradezu zu einem Gesetz des Organischen erklärt, wenn er verkündet, dass »das Gesetz des organischen Fortschritts das Gesetz eines jeden Fortschritts«[9] sei, ist einer der ersten Denker, die Darwins Evolutionstheorie – insbesondere das Prinzip der natürlichen Auslese – auf die menschlichen Gesellschaften übertragen und damit das begründet hat, was man »Sozialdarwinismus«[10] nennen wird. Für Spencer gilt die natürliche Auslese in der Welt des Lebendigen, die Quelle einer stetigen Vervollkommnung der Arten durch die Eliminierung der Schwächeren und das Überleben der Stärkeren, auch für die Evolution der Gesellschaften. Spencer ist der Meinung, dass »wir anerkennen müssen, dass der Kampf ums Dasein zwischen den Gesellschaften das Werkzeug für ihre Evolution gewesen ist«.[11]

Aus diesem angeblichen Naturgesetz, dass den Fortschritt der menschlichen Gesellschaften garantieren soll, geht das politische Prinzip hervor, das den Kern des Sozialdarwinismus ausmacht: das *Laisser-Faire*. Spencer ist gegen jede Sozialpolitik der Solidarität und der Umverteilung und der Ansicht, dass man den natürlichen Selektionsprozess »machen lassen«, also die Beseitigung der Schwächeren und weniger »Angepassten«, vor allem der Armen und Mittellosen, zulassen sollte, damit die Gesellschaften sich weiter entwickeln können. Da Spencers Sozialdarwinismus und sein liberales *Laissez-Faire* den Idealen der englischen Bourgeoisie des neunzehnten Jahrhunderts schmeichelte, die daraus ihre wissenschaftliche Legitimität schöpfte, fand er großen politischen Widerhall. Seine Ideen fielen trotzdem zunehmend in Misskredit angesichts der zerstörerischen sozialen und gesundheitlichen Folgen des industriekapitalistischen Modells. Dieser Niedergang des Sozialdarwinismus und seiner Thesen wiederum begünstigt die Entstehung des Projekts der Eugenik, der anderen großen Anwendung der Evolutionstheorie auf die menschlichen Gesellschaften.[12] Ihre Ideologie wird 1883 von Francis Galton, dem Vetter von Charles Darwin, in seinem Buch *Inquiries into Human Faculty and its Development* systematisiert.

Von der Furcht angetrieben, die Menschheit könne degenerieren, und bestätigt durch seine Arbeiten zur erblichen Natur sowohl physischer wie auch geistiger menschlicher Eigenschaften, versucht Galton, ein Projekt zur biologischen Verbesserung der menschlichen Spezies auf einer anderen Grundlage als dem Sozialdarwinismus auf den Weg zu bringen.

Anders als Spencer glaubt Galton nicht daran, dass der Prozess der natürlichen Auslese, der von grundlegender Bedeutung für den Fortschritt der Menschheit sei, in den Gesellschaften noch stattfindet. Mit dem Aufkommen der modernen Industriegesellschaft sei er kaum mehr wirksam. Deshalb geht es für ihn nun darum, dem Risiko des biologischen Niedergangs der menschlichen Spezies entgegenzuwirken. Eine soziale oder künstliche Auslese mittels bewusster Einwirkung auf die Reproduktion der Menschen zu bewerkstelligen, um die durch die moderne Zivilisation außer Kraft gesetzte natürliche Selektion zu ersetzen – das ist die Grundidee der Eugenik. Dieses Wort, das Galton 1883 als Bezeichnung für diese Wissenschaft der Geburtenlenkung vorschlägt, bedeutet wörtlich »gut gebären« oder »gut zeugen«, und er begründet dies so:

> Wir brauchen dringend ein kurzes Wort zur Bezeichnung der Wissenschaft zur Verbesserung der Abstammungsverhältnisse, die sich keineswegs auf Fragen vernünftiger Paarungen beschränkt, sondern, insbesondere hinsichtlich des Mannes, alle Einflüsse mit in Rechnung stellt, die in welchem Maße auch immer dazu führen, den geeignetsten Rassen oder Abstammungsgemeinschaften schnell bessere Chancen zu verschaffen, sich gegen weniger geeignete durchzusetzen, als sie sie sonst gehabt hätten. Das Wort Eugenik sollte diesen Gedanken deutlich genug ausdrücken.[13]

Nach dem Modell der Auslese von Tieren und des Kreuzens von Rassen soll die Eugenik die Spezies Mensch regenerieren, indem sie die Verbreitung der edelsten »Stämme« begünstigt und die Reproduktion der als weniger wünschenswert erachteten verhindert.

Zu Beginn des zwanzigsten Jahrhunderts wird das Projekt der Eugenik in den meisten westlichen Ländern oft begeistert verfolgt. Zahlreiche Verbände setzen sich dafür ein, und zahlreiche Gesetze werden erlassen, die die Einwanderung begrenzen und die Reproduktion durch Maßnahmen zur Regelung von Eheschließungen und die Zwangssterilisation als unerwünscht geltender Personen kontrollieren sollen.[14] Auch wenn die Eugenik als »Rassenhygiene« ihre grausamste Ausformung erst unter der Naziherrschaft erfuhr und zu grauenvollen Vernichtungsaktionen führte, war die Eugenik zu Beginn des zwanzigsten Jahrhunderts weit verbreitet und institutionalisiert. Eine Reihe von Staaten, angefangen mit den USA, und weiter die Schweiz, Dänemark, Deutschland, Schweden, Norwegen und auch Finnland adaptieren nun Eugenik-Programme. In der Zwischenkriegszeit wird das Ziel, die menschliche Spezies biologisch zu verbessern, das in dem Phantasma eines neuen Menschen gipfelt, noch energischer verfolgt.[15] Dieses Phantasma eines dank Wissenschaft erneuerten Menschen, eines ultra-humanen oder übermenschlich genannten Wesens, das die transhumanistische Vorstellung des Posthumanen vorwegnimmt, wird von Politikern aller Lager vertreten, wie etwa von dem linken Biologen und energischen Befürworter eines »evolutionären Humanismus« Julian Huxley, auf den vor allen die Popularisierung der Bezeichnung Transhumanismus – wir werden darauf zurückkommen – zurückgeht.

III. Die Kybernetik und die Idee der Koppelung von Mensch und Maschine

Auch wenn der Transhumanismus einiges von der Wende zum Szientismus, zum Evolutionismus und zur Eugenik im neunzehnten Jahrhundert geerbt hat, muss noch ein weiteres wesentliches Kettenglied in seiner Vorgeschichte betrachtet werden, um die Entstehung und besonders die Einzigartigkeit der zeitgenössischen Projekte zur Erweiterung des Menschen und seiner Fähigkeiten besser begreifen zu können. Dieses geschichtliche Kettenglied ist die Kybernetik, die nach dem Zweiten Weltkrieg auf den Trümmern des Totalitarismus entsteht und neue Grundlagen dafür legt, das Projekt der technisch-wissenschaftlichen Beherrschung der *Conditio humana* wiederaufzunehmen. David Pucheu erinnert sich: »Auch wenn die Nazibarbarei und die unterschiedlichen ideologischen Instrumentarisierungen, zu denen der Evolutionismus sich hergegeben hat, die Emanzipationsbehauptungen der Eugenik gründlich diskreditiert haben, haben sie nicht den in der westlichen Vorstellungswelt zutiefst verankerten Glauben an eine mögliche Kontrolle der Evolutionsmechanismen erschüttern können.«[1] Wir können den Transhumanismus und seinen Wunsch, Mensch und Maschine miteinander zu verschmelzen, nicht verstehen, ohne an den entscheidenden historischen Bruch zu erinnern, den die Kybernetik darstellt, die in vieler Hinsicht an seiner ideologischen Wiege stand. Die am Ende der 1940er Jahre von dem amerikanischen Mathematiker Norbert Wiener als »Kontrolle der Kommunikation in Tier und Maschine«[2] begründete Kybernetik trägt in einer von der Erfahrung des Totalitarismus verwundeten Welt erneut die Hoffnung auf eine wirkliche Wiedergeburt in sich.[3] Mit ihrem Ziel, »die Wissenschaften vom Leben und die Ingenieurswissenschaften zu verschmelzen«[4] ist sie der Anstoß zu einem revolutionären Paradigmenwechsel. Denn mit der Auflösung der Grenzen zwischen Mensch und Maschine führt der vom kybernetischen Denken initiierte Bruch zu der transhumanistischen Vorstellung eines erweiterten Menschen: »Der entscheidende Beitrag der Kybernetik zur Entstehung des Transhumanismus bleibt [...], eine epistemologische Kontinuität zwischen Leben und Maschine hervorgebracht zu haben, die keinen Unterschied mehr zwischen Organ und Prothese macht«[5], bemerkt Benjamin Norguet. In der Tat gibt es vom Standpunkt der Kybernetik aus keinen ontologischen Unterschied zwischen einem Menschen, einem Lebewesen und einer Maschine. Alle drei bilden ein Kontinuum, in ihrer gemeinsamen Anstrengung im Kampf gegen die Entropie, also jenem Gesetz, demzufolge jedes physische System stetig schwächer und unstrukturierter wird, was schließlich zu seinem Zusammenbruch, zum Tod, führt. Dieses zweite Gesetz der Thermodynamik erhebt der Begründer der Kybernetik zum universalen Gesetz.

Für Wiener, der von der Erfahrung des Kriegs geprägt ist, die bei ihm einen tiefen Pessimismus nährt, bezeichnet die Entropie in der Tat als die unüberwindliche Grenze der Welt: »Die ganze Welt gehorcht dem zweiten Gesetz der Thermodynamik, demzufolge die Ordnung nachlässt und die Unordnung zunimmt.«[6] Wiener wendet sich von dem für das neunzehnte Jahrhundert so bezeichnenden Glauben an die Naturgegebenheit des Fortschritts ab und entwirft ein eher düsteres Bild von der Zukunft der Menschheit und der Welt, das der berühmte Satz zusammenfasst, »dass wir Schiffbrüchige auf einem zum Untergang bestimmten Planeten sind.«[7] Dieser Pessimismus verneint freilich nicht, dass es trotzdem jeden Grund zu hoffen gibt. Auch wenn das Gesetz der Entropie im gesamten Universum herrscht, so gilt es doch nur in geschlossenen Systemen:

> Wir Menschen sind keine isolierten Systeme. Wir absorbieren Nahrung – also Energie –, die von außen kommt, und eben dadurch sind wir Teile dieser größeren Welt, die unsere Reserven an Lebenskraft enthält. Mehr noch, wir erhalten von dort dank unseren Sinnen Informationen, und wir handeln nach ihnen.[8]

Auf diese informationstheoretische Vorstellung vom Menschen und seiner Fähigkeit, auf seine Umgebung zurückzuwirken, um gegen die Entropie anzukämpfen, beruht der Hoffnungsschimmer, den das kybernetische Denken enthält.

Und es ist dieselbe Vorstellung, die Wiener dazu bringt, Mensch und Maschine auf derselben Ebene anzusiedeln. Zumindest, wenn man allein seine Anpassungsfähigkeit betrachtet, unterscheidet sich der Mensch überhaupt nicht von einer Maschine: »Ich behaupte nun, dass die Arbeitsweisen des lebendigen

Individuums und die einiger der neuesten Kommunikationsmaschinen genau parallel verlaufen. [...] In beiden wird die auf die Außenwelt ausgeübte und nicht nur die *beabsichtigte* Tätigkeit zurückgemeldet zum zentralen Regulationsapparat.«[9] Indem er jede ontologische Barriere zwischen Lebendigem und Nichtlebendigem, zwischen Organischem und Künstlichem beseitigt, löst Norbert Wiener eine die ganze Zivilisation betreffende radikale Veränderung aus, die nicht minder einschneidend ist als die Evolutionstheorie ein Jahrhundert zuvor.

Die Kybernetik macht Information und Rückkoppelung zu den Prinzipien, mit denen sich erklären lässt, wie Menschen, lebende Organismen und Maschinen zu »negentropischen«, also die Entropie einer absterbenden Welt aufhaltenden, Mächten werden – und versetzt den Menschen dadurch in eine völlig neue Evolution. So betont Céline Lafontaine: »Im Unterschied zu seinem darwinistischen Pendant beschränkt sich der informationstheoretische Evolutionismus nicht auf die Welt der Natur. Die Maschinen sind wie die Menschen aufgefordert, an der evolutiven Kette teilzunehmen.«[10]

Die Kybernetik führt damit auch dazu, das Projekt einer Verbesserung der Lage des Menschen radikal neu zu denken. Bei der Kybernetik geht es nicht mehr darum, die Spezies Mensch an die Gesetze der Natur anzupassen, oder diese Gesetze künstlich wiederherzustellen wie im Fall der Eugenik, sondern darum, sich radikal von der Natur zu befreien, durch einen Überschuss an Rationalität. Indem der Kampf gegen die Entropie zum zentralen Ziel des Fortschritts erhoben wird, wird nichts Geringeres als der Kampf gegen den Tod, sogar gegen die Idee des Todes und der Endlichkeit, zum neuen Paradigma, zum neuen Ziel der Emanzipation. Das Streben nach der Vervollkommnung des Menschen ist von nun an mit der Fähigkeit des Menschen verbunden, sich von seinen biologischen Begrenzungen zu befreien, nach dem Modell der Maschine. Die Kybernetik nährt daher schon sehr früh die Hoffnung auf die Entwicklung einer intelligenten Maschine, was lange Zeit der »mächtigste Motor für ihre Förderung«[11] war. Doch sie ebnet auch den Weg für das Projekt einer Bio-Ingenieurswissenschaft, die sich mit dem Menschen und seinem Körper befasst. Der Körper, der unweigerlich vergänglich ist, ist im Modell der Kybernetik durch seine Unvollkommenheit gekennzeichnet, was zu dem Bestreben führt, ihn technisch zu verbessern: »Wir haben unsere Umwelt so radikal verändert, dass wir uns selbst verändern müssen, um auf demselben Niveau zu leben, wie es unsere Umgebung erreicht hat.«[12]

Bezeichnend für diesen Standpunkt ist das Interesse, das Norbert Wiener am Ende seines Lebens für das Prothetische entwickelt:

> Wie kann man Systeme entwickeln, die zwei Typen von Elementen enthalten, menschliche Elemente und mechanische Elemente? Mir scheint, dass wir nur unter diesem Gesichtspunkt eine intelligente Anwendung der neuen Kontrollmöglichkeiten durch die Kybernetik finden können.[13]

Die Prothetik eröffnet für Wiener weit über therapeutische Anwendungen hinaus die Möglichkeit eines technisch-wissenschaftlichen »Enhancement« der menschlichen Fähigkeiten.

> So ist ein neuer Typ prothetischer Ingenieurskunst möglich, der sowohl menschliche als auch mechanische Elemente beinhaltet. Doch nichts verpflichtet dazu, ein solches Vorgehen auf das Ersetzen von verlorengegangenen Körperteilen zu beschränken. Es können auch Prothesen für Körperteile entwickelt werden, die wir nicht besitzen und nie besessen haben.[14]

Indem er weiterhin die Möglichkeit in Aussicht stellt, den menschlichen Geist auf eine Maschine herunterzuladen, entwickelt der Gründervater der Kybernetik eine ganze Anzahl von Forderungen, die heute von den Transhumanisten weitergegeben werden.

Schon lange bevor das Posthumane Gestalt annahm, das nach Katherine Hayles charakterisiert ist durch das Fehlen »wesentlicher Unterschiede oder absoluter Trennlinien zwischen der körperlichen Existenz und ihrer Simulation als Information, zwischen kybernetischer Maschine und biologischem Organismus, dem Zweck des Roboters und menschlichen Zielen«[15], steht das kybernetische Denken am Ursprung der Vorstellung vom Cyborg (*cybernetic organism*). Ein Wesen, das halb Mensch und halb Maschine ist, geboren aus einer Vorstellung, die in den 1960er Jahren im Zusammenhang mit der Eroberung des Weltalls populär wurde, und in der es darum ging, den menschlichen Körper mit technischen Mitteln an eine außerterrestrische Umgebung anzupassen.[16] Indem es die Grenzen zwischen Lebewesen und Maschinen verwischte und das Phantasma einer technisch-wissenschaftlichen Überwindung des Menschseins in eine bestimmte Form brachte, hat die Kybernetik offenbar weitgehend die Grundlagen für die transhumanistische Idee eines erweiterten Menschen geliefert. Mit der Kybernetik erhebt das Projekt einer Optimierung des Menschen und seiner Fähigkeiten mit dem Ziel, alle biologischen Grenzen zu durchbrechen, den Anspruch, der neue Zielhorizont der menschlichen Entwicklung zu sein, so wie es auch schon Filippo Tommaso Marinetti, der Schriftsteller und Begründer des Futurismus voraussah:

> Intuitiv beenden wir die scheinbar stets gleich große Feindschaft, die unser menschliches Fleisch vom Metall der Maschinen trennt [...] wir bereiten die Herrschaft des mechanischen Menschen mit ersetzbaren Teilen vor. Wir werden ihn von der Idee des Todes befreien und somit vom Tod selbst.[17]

2. KAPITEL

Entstehung und Gründung der transhumanistischen Bewegung

Als Produkt der europäischen Neuzeit und der aufeinanderfolgenden ideologischen Umwälzungen, ist die aus dem Humanismus der Aufklärung hervorgegangene Suche nach einer Vervollkommnung des Menschen nach und nach zu einem rein technisch-wissenschaftlichen Projekt geworden. Nämlich dem, den Menschen aus seiner biologischen Beschränktheit zu befreien, daraus formiert sich der Transhumanismus als Ideologie und Denkströmung während der zweiten Hälfte des zwanzigsten Jahrhunderts in den Vereinigten Staaten. Es war der Mutterboden des technikaffinen Amerika der 1960er und 1970er Jahre, der die Ideale des Transhumanismus nährte, in den Arbeiten von Pioniergestalten der Bewegung wie dem Physiker Robert Ettinger und dem Futurologen Fereidoun M. Esfandiary, besser bekannt unter dem Kürzel FM-2030. Nachdem wir uns kurz mit diesen Vorläufern befasst haben, werden wir in diesem Kapitel zur offiziellen Entstehung der transhumanistischen Bewegung im Jahre 1988 gelangen, die durch die Gründung des Extropianismus auf Initiative des aus England stammenden amerikanischen Philosophen Max More markiert wird, der ersten Denkströmung, die die zentralen Prinzipien der Bewegung herausstellt. Eine wichtige Wendung in der Geschichte des Transhumanismus ist dann die Gründung der World Transhumanist Association (WTA) im Jahr 1998, die für die Internationalisierung der Bewegung steht, wie wir im Folgenden sehen werden. Am Ende des Kapitels werden wir ein allgemeines Bild von der heutigen Bewegung skizzieren, deren Dynamik namentlich von ihrer Vielfalt ausgeht, die sich um einzelne Zentren und einzelne Akteure gruppiert.

I. Die Vorläufer der Bewegung

Der Terminus »Transhumanismus« ist älter als die Bewegung selbst. Er wurde erfunden – oder besser: in Umlauf gebracht[1] – von dem britischen Biologen Julian Huxley, dem Bruder von Aldous Huxley, dem Autor des dystopischen Romans *Brave New World* von 1932. 1957 schlägt der Biologe und Propagandist einer auf der Wissenschaft gegründeten »Religion ohne Offenbarung« in einer kleinen Schrift mit dem Titel *New Bottles for New Wine* den Terminus »Transhumanismus« vor, um die Möglichkeit zu bezeichnen, dass die Menschheit sich dank den Entwicklungen in Wissenschaft und Technik weiterentwickeln und über sich hinauswachsen kann:

> Die menschliche Spezies kann, wenn sie will, über sich hinauswachsen – nicht einfach nur sporadisch in einem Individuum hier auf eine bestimmte Weise und in einem Individuum dort auf eine andere Weise – sondern in ihrer Gesamtheit, als Menschheit. Für diesen neuen Glauben brauchen wir einen Namen. Vielleicht ist der Terminus Transhumanismus dafür am geeignetsten: Der Mensch

bleibt ein Mensch, aber er transzendiert sich, indem er die neuen Möglichkeiten verwirklich, die es durch und für die menschliche Natur gibt.²

Obgleich Julian Huxley neben dem Physiker John Desmond Bernal und dem marxistischen Biologen John B. S. Haldane oft zu den ersten »Propheten« des Transhumanismus gezählt wird³, ist er eher als Anhänger des evolutionistischen und eugenischen Denkens der Zwischenkriegszeit einzuordnen, denn als Transhumanist. Der spätere erste Direktor der UNESCO ist ein engagierter Verteidiger einer reformerischen Eugenik, der weniger die Menschheit von ihren biologischen Grundlagen befreien als den Prozess der Evolution begleiten und vollenden möchte.⁴

Die Entstehung des transhumanistischen Denkens ist nicht so sehr im England der 1920er und 1930er Jahre als im technikaffinen Kontext Amerikas in den 1960er und 1970er Jahren anzusiedeln, einer Zeit, die von der Eroberung des Weltalls und der Entstehung einer *cyberculture* geprägt ist, die zum Teil aus der amerikanischen Gegenkultur hervorging.⁵ Zwei Gründergestalten haben eine Schlüsselfunktion bei der Formulierung und Propagierung des Ideals einer technisch-wissenschaftlichen Überwindung der bisherigen *Conditio humana* innegehabt: der Physikprofessor und Gründer der Bewegung der Kryonik Robert Ettinger und der Essayist und Futurologe Fereidoun M. Esfandiary. Ettinger ist der Autor des 1962 erschienen Buchs *The Prospect of Immortality*, einem internationalen Erfolg, und einer der Ersten, die das Versprechen von Wissenschaft und Technik auf eine unbegrenzte Verlängerung des Lebens popularisiert hat. Während er behaupten wird, dass es die Lektüre eines Science-Fiction-Romans war, die ihn inspiriert hat, ist es allemal seine Erfahrung aus dem Krieg, die ihn zu seinen Ansichten inspiriert hat. An der Front schwer verletzt, erhält Ettinger eine experimentelle chirurgische Behandlung, die seine Beine rettet und ihn von den riesigen Möglichkeiten überzeugt, die es auf dem Gebiet der Medizin gibt. Das gibt ihm die Hoffnung, dass die Medizin bald jedes Problem wird regeln können, darunter das des Todes.[6]

Sein ganzes Leben lang wird Ettinger dafür kämpfen, durch die Verbreitung der Kryogenisierung, des Tieffrierens der Körper, den Tod zu besiegen, überzeugt, dass die Unsterblichkeit in Reichweite ist:

> Wenn wir unsere Körper in einem dem Leben so ähnlichen Zustand wie möglich bewahren, ist es klar, dass Sie und ich in diesem Moment eine Chance haben, dem endgültigen Tod zu entkommen. Aber sind diese Chancen wirklich substanziell oder sind sie nur weit entfernt? Ich glaube, die Chancen stehen sehr gut, und es ist das Ziel dieses Buchs, den Glauben daran plausibel zu machen. Und wenn er plausibel gemacht ist, werden dadurch die nötigen Bemühungen weiter ermutigt werden und diese Chancen sich weiter verbessern.[7]

Kryogenik ist der Zweig der Physik, der sich mit dem Verhalten von Materie bei extrem niedrigen Temperaturen befasst, und die von Ettinger propagierte kryotechnische Perspektive bedeutet, den menschlichen Körper bei sehr tiefen Temperaturen einzufrieren, in der sehr spekulativen Hoffnung, ihn eines Tages dank dem technischen Fortschritt wieder auferwecken zu können. In Wirklichkeit ist die Kryonik, wie Franck Damour betont, »etwas ganz anderes als einfach eine Technik: Sie ist eine Weltanschauung.«[8] Bei diesem Vorgehen handelt es sich in Wirklichkeit um die technisch-wissenschaftliche einer Welt, in der ein jeder frei über die Dauer seines Lebens entscheiden kann. Einer Welt, in der die Menschen durch die Nutzung des technologischen Fortschritts ihre Evolution unter ihre eigene Kontrolle bringen, um ihre eigene Natur neu zu modellieren – so, wie Ettinger es in seinem folgenden, 1972 erschienenen, Buch *Man Into Superman*, vorschlägt, indem er nicht nur Unsterblichkeit verkündet, sondern auch, dass man eine Art Übermenschentum erlangen könne. So schreibt er darin: »Wir müssen danach streben, der Menschheit und all ihren Helden der Vergangenheit überlegen zu sein, und müssen wollen, es zu werden, individuell und kollektiv, und in allen Aspekten unseres Lebens – den physischen, intellektuellen, emotionalen und moralischen.«[9]

Die andere große Pioniergestalt des Transhumanismus ist der amerikanisch-iranische Essayist Fereidoun M. Esfandiary, alias FM-2030. »Ich bin ein Mann des 21. Jahrhunderts, der zufällig im 20. gelandet ist. Ich habe eine große Sehnsucht nach Zukunft«, schreibt diese exzentrische Persönlichkeit, die zu denen gehört, die man seinerzeit, in den 1960er Jahren, »Futurologen« nennt, und die damals sehr gefragt sind, da sie für die Faszination von der Zukunft und dem technischen Fortschritt stehen, die zu Beginn des Raumfahrtzeitalters, in den USA herrscht. Mit einem Abschluss an der University of California in Los Angeles verfolgt Esfandiary zunächst nach dem Vorbild seines Vaters eine diplomatische Laufbahn, wird dann aber Professor zunächst an der New School of Social Research und dann an der University of California (UCLA). Nachdem er mehrere Zukunftsromane verfasst hat, veröffentlicht er 1970 seinen ersten Essay, *Optimism One*, in dem er sein äußerst technophiles Weltbild skizziert. Zu seinen Ideen passt auch, dass er im selben Jahr beschließt, seinen Namen zu ändern und ganz offiziell zu FM-2030 wird, in Anspielung auf das Jahr 2030, dass, wie er hofft, nicht nur seinen hundertsten Geburtstag markieren, sondern auch die Möglichkeit eröffnen wird, die Unsterblichkeit zu erlangen. Mit der Veröffentlichung seines Hauptwerks, *Up-Wingers. A Futurist Manifesto*, im Jahre 1973 gewinnt FM-2030 großen Einfluss.

In diesem Buch beurteilt FM-2030 den politischen Gegensatz zwischen der Linken und der Rechten sowie der Systeme des Kapitalismus und des Kommunismus angesichts der technisch-wissenschaftlichen und biomedizinischen Fortschritte seiner Zeit als völlig veraltet:

> Was bedeuten für Sie die Weltraumwissenschaftler, die heute daran arbeiten, Siedlungen außerhalb dieser Welt zu gründen? Oder die Arbeit an Elektrodenimplantaten im Körper, um dem Einzelnen zu erlauben, seinen Körper und seine Emotionen zu kontrollieren? Oder die Genetiker und Bioingenieure, die daran arbeiten, den menschlichen Körper zu erneuern und den Tod zu besiegen? Diese und andere Durchbrüche finden außerhalb des Geltungsbereichs aller traditionellen philosophischen, sozialen, ökonomischen und politischen Systeme statt.[10]

Gegenüber diesen ideologischen Kategorien schlägt FM-2030 ein anderes Einteilungsschema vor, in dem den »Up-Wingers«, das heißt denen, die ins Weltall (und zur Eroberung des Weltraums) blicken und an die Technologie glauben, die »Down-Wingers« gegenüberstehen, die noch immer auf die Erde blicken und den Fortschritt der Wissenschaft nur sehr zögerlich annehmen.[11] Esfandiary ruft dazu auf, die von Technik und Wissenschaft eröffneten Möglichkeiten wie die der »Genetik, der Möglichkeit, Organe oder auch andere Veränderungen des Körpers auf Wunsch zu bewerkstelligen«[12], mit offenen Armen anzunehmen; ihm zufolge werden sie erlauben, einen neuen Menschen zu schaffen, und er tritt für eine Zukunftsvision ein, die keine Grenzen mehr kennt:

> Welche Grenzen? Die einzigen Grenzen, die es gibt, befinden sich in der Vorstellungskraft gewisser Personen. Es ist lächerlich, gerade in diesem Moment unserer Evolution von Grenzen zu sprechen, da wir dabei sind, uns in ein Universum ohne Grenzen – einen grenzenlosen Raum – auszudehnen, in eine unbegrenzte Zeit – unbegrenzte Möglichkeiten – unbegrenztes Wachstum.[13]

Als wahrer Pionier des Transhumanismus gründet FM-2030 zusammen mit der Künstlerin Natasha Vita-More[14] die Bewegung der Up-Wingers, die 1988 die Speerspitze bei der Gründung der ersten offiziellen Denkströmung des Transhumanismus sein wird: des Extropianismus.

II. Max More und der Extropianismus

Auch wenn Robert Ettinger und FM-2030 während der 1960er und 1970er Jahre als Avantgardisten dazu beigetragen haben, eine Reihe von Ideen vorzubringen und Themen zu setzen, die die ideologische Basis der Bewegung sein werden, datiert die offizielle Geburt des Transhumanismus erst vom Ende der 1980er Jahre. Dem aus Großbritannien stammenden amerikanischen Philosophen Max O'Connor, besser bekannt unter dem Namen Max More, ist die formelle Entstehung des Transhumanismus als einer Bewegung zu verdanken. Nach Beendigung seines Studiums in Oxford und nachdem er die erste kryonische Vereinigung in England gegründet hat, beschließt er, den Atlantik zu überqueren, um sich in den zukunftsorientierten Milieus Kaliforniens umzusehen. Zur Fortsetzung seiner Forschungen zur Verlängerung des Lebens und zu den technisch-wissenschaftlichen Möglichkeiten, die biologischen Grenzen der Menschheit zu erweitern, entschließt sich More, eine Dissertation in Philosophie an der University of Southern California zu schreiben.[1] Dabei begegnet er Tom Bell, der bald den neuen Namen T. O. Morrow annimmt, einem Jurastudenten, der sich ebenfalls für die Kryonik interessiert und ganz allgemein für die Zukunftsperspektiven eines technologischen »Enhancement«, einer »Erweiterung« oder »Verbesserung« der menschlichen Fähigkeiten.

Er ist beseelt von einer tiefen Sehnsucht, seine optimistische Zukunftsvision mit anderen zu teilen:

> Ich wollte eine Denkweise entwickeln, die die Welt für die Möglichkeiten der Zukunft wachrüttelt und dazu bei-

trägt, den Geist der Menschheit zu erweitern. Ich hatte stets geglaubt, dass die Menschen zu weit mehr in der Lage wären als zu dem, was ich wahrnahm. Offen gesagt war ich genervt vom Tod und darüber, dass die Menschen alterten und starben, ohne dass irgendwer etwas daran ändern wollte. Ich war frustriert davon, dass wir für immer auf diesen Planeten beschränkt bleiben sollten, auch noch Jahre, nachdem wir auf dem Mond gelandet waren, und ich ärgerte mich über die intellektuellen Gefängnisse, die die Leute um sich gebaut hatten. Ich hatte immer eine ununterdrückbare Lust, mich mitzuteilen und zu organisieren. Da meine Gedanken nun zu einer klaren Vision gereift sind, habe ich beschlossen, die besten Geister um mich zu versammeln, damit wir der Welt zurufen: Wacht auf! Die Zukunft kann besser werden, als ihr es euch je habt vorstellen können.[2]

1988 gründet er zusammen mit Bell die Extropy Bewegung mit der Herausgabe der Zeitschrift *Extropy. The Journal of Transhumanist Thought*, deren Auflage anfangs fünfzig Exemplare beträgt. Wenig später gründen More und Bell das Extropy Institute, eine Non-profit-Organisation, die die erste offizielle transhumanistische Gesellschaft ist. Das Institut bringt eine Reihe von technikoptimistischen Köpfen Kaliforniens zusammen und ist ein Ort für Austausch und Diskussionen. 1994 widmet das amerikanische Magazin *Wired* dem Extropianismus unter der Überschrift »Meet the Extropians« einen langen Artikel.[3] More systematisiert in diesen Jahren die zentralen Werte und Ideen der extropianischen Philosophie. 1993 veröffentlicht er *Principles of Extropy*, den Schlüsseltext, in dem er das zentrale Anliegen seiner Bewegung erklärt:

> Wir sehen die Menschheit als eine Übergangsphase in der Evolution der Intelligenz an. Wir setzen uns für die Nutzung der Wissenschaft ein, um den Übergang von unserer Situation als Menschen zu einer transhumanen oder posthumanen Situation zu beschleunigen.[4]

Dass Bell und More den Terminus Extropie wählen, um ihre Bewegung zu benennen, ist eine Referenz an das Konzept von Entropie, das im Zentrum der Weltsicht Norbert Wieners stand, des Begründers der Kybernetik. »Extropie« hat an sich keinerlei wissenschaftliche Bedeutung und soll das Gegenteil von Entropie sein, dieser Tendenz eines jeden Systems, in einen Zustand des Chaos und damit des Todes zu geraten. Gegen die Entropie erklärt More: »Extropie symbolisiert den dauernden Fortschritt und steht für die Ausbreitung der Intelligenz, der funktionalen Ordnung, der Vitalität, der Fähigkeit und des Willens, ein lebendes oder sonst organisiertes System zu verbessern.«[5] Extropianismus oder Extropismus bezeichnet daher die Bewegung, die aktiv die Philosophie der Extropie verbreiten möchte, das heißt, den Glauben an einen unbegrenzten Fortschritt der Menschen dank immer weitergehenden technischen Verbesserungen. Das erste von More formulierte Ziel des Extropianismus ist das des »dauernden Fortschritts«, worunter er versteht:

> Ein Mehr an Intelligenz, Weisheit, Effizienz anzustreben, eine unbegrenzte Lebensdauer, die Beseitigung politischer, kultureller, biologischer und psychologischer Schranken der Selbstverwirklichung. Unentwegt hinter uns zu lassen, was unseren Fortschritt und unsere Mög-

lichkeiten begrenzt. Uns im Universum ausbreiten und ohne Ende voranzuschreiten.⁶

1990 nimmt More, um im Einklang mit seiner Philosophie zu bleiben, nach dem Vorbild von FM-2030 einige Jahre zuvor offiziell seinen neuen Namen, T. O. Morrow, an. Dies ist keineswegs nur von anekdotischer Bedeutung, sondern illustriert seinen Willen, die Prinzipien des Transhumanismus in die Tat umzusetzen, denn dieser beruht gänzlich auf der Vorstellung, dass jedes Individuum als wirklicher *selfmade man* seine Identität, die als gänzlich formbar betrachtet wird, frei, allein durch die Kraft seines Willens, bestimmen kann, dabei stets die fortwährende Selbstvervollkommnung im Blick. So wie er es dem Magazin *Wired* in einem Interview anvertraut:

> Diese Entscheidung drückt mein wesentliches Ziel aus, nämlich, mich selbst permanent zu perfektionieren, niemals stehenzubleiben. Ich war entschlossen, mich in jeder Hinsicht zu verbessern, nicht allein intelligenter zu werden, sondern auch gesünder. Dieser Name sollte mich an meine Entschlossenheit erinnern, immer weiter voranzuschreiten.⁷

Die Namensänderung ist auch der Widerhall eines weiteren zentralen Motivs des Extropianismus, nämlich dessen der »Selbsttransformation«, in dem der entscheidende Einfluss des libertären Denkens auf die von More begründete Denkströmung zum Ausdruck kommt. Die Philosophie des Libertarismus vertritt auf radikalere Weise als das klassische liberale Denken die Auffassung, dass die individuelle

Freiheit ein absoluter Wert ist und dass deshalb keine Instanz dazu legitimiert ist, das Individuum daran zu hindern, wie es auf seine freie Initiative handelt und daran, was es für sich erwirbt.[8] Die von More systematisierte extropianistische Ethik ist entscheidend von den Schriften des Libertarismus geprägt, vor allem von denen einer seiner namhaftesten Vertreterinnen, der Philosophin Ayn Rand, deren um die Werte von Vernunft und Egoismus kreisendes Denken einen erheblichen Einfluss im techno-futuristischen Milieu hatte.[9]

Die Strömung des Extropianismus trägt mehrere Jahre lang dazu bei, eine regelrechte Gemeinschaft zusammenzubringen und eine Vielzahl von Debatten auszulösen – vor allem bei den »Extro«-Konferenzen, auf denen in den 1990er Jahren renommierte Wissenschaftler auftreten, wie der Robotiker Hans Moravec, der KI-Forscher Marvin Minsky oder auch der Ingenieur Raymond Kurzweil –, doch die Strömung des Extropianismus verliert anfangs der 2000er Jahre zunehmend an Einfluss. Da es durch die Ausbreitung der transhumanistischen Bewegung überholt ist, schließt das Extropy Institute 2006 endgültig seine Pforten, und seine Gründer befinden, dass ihre Mission, die transhumanistischen Ideale zu verbreiten, im Wesentlichen erfolgreich abgeschlossen ist.[10]

Auch wenn die von More und Bell gegründete Bewegung als solche nicht mehr aktiv ist und ihr Einfluss sich mit der Zeit verringert hat, da viele Transhumanisten sich von der libertären Seite der Bewegung distanzieren wollen, bleibt es jedoch eine Tatsache, dass der Extropianismus den Transhumanismus mitbegründet hat. »Extropy war keine libertäre Abirrung vom zeitgenössischen Transhumanismus: Es war dessen Avantgarde«[11], erinnert uns der Historiker Franck Damour.

III. Die Gründung der World Transhumanist Association

Die Geschichte des Transhumanismus beschleunigte sich Ende der 1990er Jahre deutlich. Während die von More und Bell gegründete Entropy Bewegung infolge innerer Spannungen an Schwung verliert, versucht eine neue Generation von Denkern die transhumanistische Bewegung neu zu gründen, indem sie sie auf eine breitere, akademischere und internationalere ideologische Grundlage stellt. Namentlich sind dabei zwei schwedische Akademiker zu nennen, der Philosoph Nick Bostrom und der Neurowissenschaftler Anders Sandberg. Vor allem die politische Ausrichtung, des Extropianismus, speziell seine Parteinahme für den Libertarismus wird immer mehr infrage gestellt. Das von der neuen Generation hauptsächlich verfolgte Ziel ist es, den Transhumanismus zu einer respektablen wissenschaftlichen Denkströmung zu machen. Dieses Streben nach Legitimierung und Normalisierung des Transhumanismus führt 1998 zur Gründung der World Transhumanist Association (WTA) auf Initiative von Bostrom und dem englischen utilitaristischen Philosophen David Pearce, einem eifrigen Vertreter des hedonistischen Imperativs.[1]

2002 als internationale Nicht-Regierungsorganisation (INGO) registriert, will die World Transhumanist Association (WTA) einen liberalen und verantwortungsvollen Transhumanismus verbreiten, legt großen Wert auf eine ethische Nutzung erweiternder Technologien und macht die Frage der Demokratisierung des Zugangs zu neuen Technologien zu einem zentralen Thema seiner Debatten. Um ihre Ideen den Menschen näherzubringen, gibt die WTA schon bald das *Journal of Transhumanism* heraus, aus dem dann das *Journal of Evolution and Technology* wird, das jährlich eine TransVision genannte Tagung veranstaltet. Die Association vervielfältigt auch ihre Publikationen nach dem Muster von *Transhumanist FAQ*, worin eine der kanonischen Definitionen des Transhumanismus vorgeschlagen wird, die noch heute weithin akzeptiert wird. Transhumanismus, heißt es da, bedeute:

> Die intellektuelle und kulturelle Bewegung, die vertritt, dass es die Möglichkeit und die Gelegenheit gibt, die Lage des Menschen mittels der Anwendung von Vernunft grundlegend zu verbessern, insbesondere durch die Entwicklung von weithin verfügbaren Technologien, die das Altern abschaffen und die intellektuellen, physischen und psychischen Fähigkeiten des Menschen erheblich verbessern.[2]

Diese von der WTA vertretene Neudefinition des Transhumanismus geht mit der Modifikation und der Annahme der Transhumanistischen Erklärung (*Transhumanist Declaration*) im Jahr 2002 einher, die die ideologische Ausrichtung der Bewegung in ihren Grundzügen beschreibt.

Die transhumanistische Erklärung

1) Die Menschheit wird sich künftig durch Wissenschaft und Technologie grundlegend verändern. Wir sehen die Möglichkeit, das menschliche Potential zu erweitern – durch die Überwindung des Alterns, kognitiver Schranken, unfreiwilligen Leidens und unserer Beschränkung auf den Planeten Erde.

2) Wir glauben, dass die Menschheit ihr Potential noch längst nicht ausgeschöpft hat. Es gibt Szenarien zur Erreichung einer wunderbaren und außerordentlich erstrebenswerten erweiterten menschlichen Existenz.

3) Wir erkennen an, dass die Menschheit mit ernsthaften Risiken, namentlich durch den Missbrauch neuer Technologien, konfrontiert ist. Es sind realistische Szenarien vorstellbar, die zum Verlust des meisten – wenn nicht von allem – führen, das uns teuer ist. Manche dieser Szenarien sind drastisch, andere subtil. Auch wenn jeder Fortschritt Veränderung bedeutet, ist nicht jede Veränderung auch ein Fortschritt.

4) Es muss viel Forschungsanstrengung in diese Aussichten investiert werden. Wir müssen sorgfältig erwägen, wie wir am besten die Risiken reduzieren und segensreiche Anwendungen voranbringen. Wir brauchen auch Foren, wo Menschen auf konstruktive Weise diskutieren können, was zu tun ist, und eine gesellschaftliche Ordnung, in der verantwortungsvolle Entscheidungen getroffen werden können.

5) Die Verminderung existentieller Risiken und die Entwicklung von Mitteln zur Erhaltung des Lebens, der Erleichterung von Leiden sowie die Verbesserung von menschlicher Vorausschau und menschlichen Wissens

sollen als dringende Prioritäten verfolgt und mit erheblichen Mitteln ausgestattet werden.

6) Die Politik soll von einer verantwortungsvollen und inklusiven moralischen Vision geleitet sein, Chancen und Risiken gleichermaßen ernsthaft abwägen und Solidarität mit allen Menschen auf der ganzen Erde, mit ihren Interessen und ihrer Würde zeigen. Auch müssen wir unsere Verantwortung gegenüber künftigen Generationen ernstnehmen.

7) Wir setzen uns ein für das Wohlbefinden aller empfindenden Wesen, von Menschen, nicht-menschlichen Tieren und künftigen künstlichen Intelligenzen, veränderten Lebensformen oder anderen Intelligenzen, die durch den wissenschaftlichen und technischen Fortschritt entstehen mögen.

8) Wir sind dafür, den Individuen eine möglichst reichhaltige Wahl zu überlassen, mit welchen Mitteln sie ihr Leben verbessern. Das schließt die Nutzung von Techniken ein, die entwickelt werden können, das Gedächtnis, die Konzentration und die mentale Energie zu stützen; lebensverlängernde Therapien; Technologien der freien Wahl der Reproduktion; kryonische Verfahren und viele weitere mögliche Technologien der Veränderung und Verbesserung des Menschen.

Während die WTA die bislang wichtigste transhumanistische Vereinigung ist, die die Ideale der Erweiterung des Menschen verfolgt, entstehen in ihrem Kielwasser im Laufe der 2000er Jahre verschiedene weitere Satelliten-Organisationen und -Vereinigungen.

Das 2004 von Bostrom und dem amerikanischen Bioethiker James Hughes gegründete Institut für Ethik und aufstrebende Technologien (Institute for Ethics and Emerging Technologies, IEET) spielt dabei eine wichtige Rolle. Es handelt sich um eine nichtkommerzielle Gruppe von Leuten, die darüber nachdenken, »Ideen zu entwickeln zu der Art und Weise, wie technologischer Fortschritt die Freiheit, das Glück und die menschliche Entwicklung in den demokratischen Gesellschaften voranbringen kann.«[4] Dem IEET geht es noch mehr als der WTA darum, transhumanistische Ideen in akademischen Milieus zu verbreiten und dabei die »sozialdemokratische« Ausrichtung der Bewegung zu stärken. Hughes war nicht nur der Mitbegründer des IEET, dessen Direktor er bis heute ist, sondern er war auch von 2004 bis 2006 der Generaldirektor der World Transhumanist Association und hat eine wesentliche Rolle dabei gespielt, die Bewegung zu etwas gesellschaftlich Akzeptiertem zu machen. Ihm sind vor allem die Theorien der »techno-progressiven«[5] Tendenz des Transhumanismus zu verdanken, in denen die Idee vertreten wird, dass

> die technologischen Innovationen die Autonomie der Individuen stärken und emanzipatorisch wirken können, wenn sie demokratisch und transparent geregelt sind, um ihre Sicherheit und Effizienz sicherzustellen und um sie universell und gleichermaßen für alle zugänglich zu machen.[6]

Um seine Attraktivität noch weiter zu erhöhen, erneuert die WTA 2008 ihr Markenimage, indem sie ihren Namen ändert. Die WTA wird nun offiziell zu Humanity+, was dem Transhumanismus ein humaneres und weniger polarisierendes Gesicht gibt.

Schon 2006 übrigens zeigte sich Bostrom zurückhaltender bei der Benutzung von Begriffen wie »posthuman« und zog eher den des erweiterten Menschen vor:

> »Posthuman« ist ein vager Begriff, und man hat den Terminus zur Bezeichnung völlig unterschiedlicher Dinge benutzt. Er scheint mir mehr Konfusion als Klarheit zu bringen. Eine zentrale Bedeutung des Wortes wäre jedoch ganz einfach, dass ein Mensch so gut wie möglich verbessert wird.[7]

Humanity+, das heute von der amerikanischen Künstlerin und Designerin Natasha Vita-More geführt wird, soll 2015 etwa 3000 Mitglieder gehabt haben.[8] Doch vor allem hat die Gründung der WTA dem Transhumanismus ermöglicht, im Laufe der Jahre seine Legitimation als inzwischen auch international anerkannte Denkströmung zu stärken, die einen erheblichen Einfluss ausübt, namentlich auf politische Entscheider und die Finanzwelt.

IV. Eine vielfältige Bewegung

Aus einem kleinen Kreis von einigen ähnlich denkenden amerikanischen Futurologen in den 1970er Jahren ist der Transhumanismus nach und nach zu einer *mainstream*-Bewegung geworden, mit der »man diskutiert und vor allem über die man diskutiert«.[1] Mit ihren vielfältigen Akteuren – Unternehmern, Ingenieuren, Philosophen, Bioethikern oder einfach Mitgliedern der Gesellschaft – hat sie heute einen Einfluss, der sich weniger an der Zahl seiner Anhänger messen lässt als an der Macht, mit der sich die Idee des erweiterten Menschen ausbreitet. Es ist schwierig, die Bewegung und ihre Bestandteile zu kartographieren, doch wir können im Anschluss an den Historiker Franck Damour[2] wenigstens einige große Zentren ausmachen, um die sie sich ordnet. Das erste dieser Zentren, und zwar dasjenige, das in den Medien am meisten vorkommt, ist das der – vor allem kalifornischen – Unternehmen, durch die der Transhumanismus und seine Thesen international wahrgenommen werden.

Mit dem Silicon Valley als Epizentrum ist dieser Unternehmens-Kern des Transhumanismus der Mittelpunkt eines riesigen Techno-Systems aus unzähligen Start-Ups, Stiftungen und Unternehmen, die im Bereich der NBIC[3] tätig sind und viel Kapital akquirieren mit ihren Versprechen auf Unsterblichkeit und Erweiterung, »Enhancement«, des Menschen. Die 1998 von Larry Page und Sergey Brin – beides überzeugte Transhumanisten – gegründete Firma Google, die heute von Sundar Pichai geführt wird, steht prototypisch für diesen technokapitalistischen Kern. Das Unternehmen unterstützt finanziell eine Anzahl von Projekten, die mehr oder weniger transhumanistisch sind; vor allem aber hat es 2013 die von dem Biochemiker Arthur Levinson, dem vormaligen Generaldirektor von Genentech, geleitete biotechnologische Gesellschaft Calico (California Life Company) gegründet, mit dem ausdrücklichen Ziel, die Forschungen zum Kampf gegen das Altern voranzutreiben. »Kann Google das Problem des Todes lösen?«[4] titelte deshalb das Time magazine, als die zum Komplex Google X[5] innerhalb des Alphabet-Konzerns gehörende Firma an den Start ging. Auch außerhalb von Google und überhaupt außerhalb der GAFAM[6] verfolgen zahlreiche Unternehmer und Firmenchefs das generelle Ziel, sämtliche Beschränkungen des Menschen technologisch zu überwinden, auch wenn sie sich nicht offiziell zum Transhumanismus bekennen.

Das gilt auch für Elon Musk, den Gründer des Raumfahrtunternehmens SpaceX und des Start-Up Neuralink, dessen Ziel es ist, das menschliche Gehirn mit integrierten Schaltkreisen zu verbinden, um Mensch und Maschine zu fusionieren[7], oder den Milliardär Peter Thiel, der über die Thiel Foundation eine Anzahl von Projekten auf dem Gebiet der künstlichen Intelligenz und des Kampfs gegen das Altern finanziert. Doch am ehesten ist der Ingenieur und Futurologe Ray Kurzweil – ein begeisterter Vorkämpfer der Unsterblichkeit und der berühmten These von der »Singularität« – das Gesicht des unternehmerischen und futuristischen Transhumanismus. Die von dem Mathematiker und Science-Fiction-Autor Vernor Vinge propagierte Singularität bezeichnet den Punkt einer radikalen Beschleunigung der technologischen Entwicklung, von dem an eine Form künstlicher Superintelligenz erscheint, die die menschliche Intelligenz ersetzt. Laut Kurzweil wird es um das Jahr 2045 dazu kommen. Ray Kurzweil ist Autor zahlreicher erfolgreicher Bücher zur künftigen Entwicklung[8] und war nacheinander Berater des amerikanischen Militärs für wissenschaftliche und technologische Neuerungen und Chefentwickler bei Google. 2008 gründet er zusammen mit dem Unternehmer Peter Diamandis die einflussreiche Singularity University, die im Forschungspark der NASA untergebracht ist, einen *think tank*, der Unternehmer, Philanthropen, Ingenieure und Investoren zusammenbringt und der es sich zur Aufgabe macht, »die Menschheit auf die Beschleunigung des technologischen Wandels vorzubereiten«. Ihre Rolle, so Kurzweil, ist es, »zu erziehen, zu inspirieren und den führenden Menschen die Mittel an die Hand zu geben, die exponentiellen Technologien zu nutzen, damit sie auf die großen Fragen der Menschheit reagieren können.«[9]

Neben diesem unternehmerischen Kern mit seinen vielfältigen Verästelungen lässt sich ein zweites Zentrum des Transhumanismus ausmachen, ein akademisches und universitäres, das einen erheblichen intellektuellen Einfluss auf die zeitgenössischen Ethik-Debatten ausübt. Dieses akademische Zentrum vereint eine Reihe von Philosophen, Bioethikern und Psychologen und ist vor allem in England beheimatet, namentlich an der Universität von Oxford. Nick Bostrom, der Philosoph und Mitbegründer der WTA, ist einer seiner Hauptrepräsentanten.[10] Bostrom ist Absolvent der London School of Economics und der Gründer sowie seit 2005 Direktor des Instituts für die Zukunft der Menschheit (FHI). Als an die Martin School in Oxford angeschlossenes Forschungszentrum, mit dem mehrere Universitätsangehörige verbunden sind, wie der Forscher Anders Sandberg, befasst sich das FHI mit den Fragen der globalen Zukunftsherausforderungen der Menschheit, wie den von der Entwicklung der künstlichen Intelligenz ausgehenden Risiken oder den von den Technologien einer Verbesserung des Menschen eröffneten Perspektiven. Unter den übrigen akademischen Strukturen dieses universitären Zentrums ist auch das Oxford Uehiro Institute für praktische Ethik zu nennen, dessen Direktor lange Zeit der Bioethiker Julian Savulescu war, Autor und Herausgeber zahlreicher Publikationen zu den Fragen, die sich angesichts eines erweiterten Menschen ergeben.[11]

Schließlich kann man einen dritten Kern des Transhumanismus ausmachen, einen, den wir als den der Anhänger bezeichnen möchten. Geographisch verstreuter als die beiden ersten Zentren sind dies die ganz unterschiedlichen Bürger, die sich in den USA, in England, in Frankreich und auch in Deutschland[12] für das Ideal eines erweiterten Menschen, eines »Enhanced Human«, einsetzen, vor allem durch die Mitgliedschaft in Vereinigungen. Die offiziell 2010 gegründete französische transhumanistische Vereinigung Technoprog (AFT) gehört heute zu den ältesten dieser Vereinigungen.[13] Die AFT bekennt sich unter den Vorsitzenden Marc Roux und Didier Coeurnelle zu einem »demokratischen Transhumanismus« in der Nachfolge des von James Hughes zu Beginn der 2000er Jahre systematisierten technoprogressiven Konzepts und organisiert seit mehr als einem Jahrzehnt zahlreiche Konferenzen und Debatten in Frankreich und Europa.[14] Über die Arbeit in Vereinigungen hinaus hat der Wille, die politischen Debatten zu beeinflussen, auch zur Gründung transhumanistischer politischer Parteien geführt. Der bekannteste Fall ist der des amerikanischen Unternehmers Zoltan Istvan, des Gründers der Transhumanist Party, der sich zweimal, 2016 und 2020, für die amerikanischen Präsidentschaftswahlen hat aufstellen lassen. Weitere politische Formationen sind vor allem im Vereinigten Königreich entstanden, mit der 2015 von dem Künstler und Psychologen Amon Twyman gegründeten Transhumanist Party UK, und auch in Deutschland.[15] Zuletzt hat sich im Umkreis der Technoprog-Vereinigung die technoprogressive Bewegung in Frankreich auf die Europawahlen 2024 vorbereitet. Zu diesem Anhänger-Kern des Transhumanismus kann man schließlich auch das Milieu der *biohackers* oder des *body-hacking* zählen. Ohne dass sie sich notwendigerweise zu der Bewegung und ihren Ideen bekennen, sind die *biohackers* jedenfalls auf ihre Weise Anhänger der Idee eines erweiterten Menschen, indem sie mit der Darstellung ihrer Körper so etwas wie einen »Transhumanismus der Tat«[16] verwirklichen. Das heißt, dass der Transhumanismus in der Tat eine Vielzahl von Formen eines Engagements umfasst – was allerdings nicht die ideologischen Kraftlinien verwischen darf, die die Bewegung seit ihrem Anfang zusammenhalten.

3. KAPITEL

Der Transhumanismus, seine Werte und seine wichtigsten Forderungen

Wie jede Denkströmung oder intellektuelle Bewegung ist der Transhumanismus die Heimat ganz unterschiedlicher Richtungen mit ganz verschiedenen Forderungen. Für manche Beobachter wäre es daher sinnvoller, von Transhumanismen zu sprechen als von dem einen Transhumanismus. Ohne die Verschiedenheit der Vorstellungen und Schwerpunktsetzungen, auch die politischen, zu leugnen, aus denen er sich zusammensetzt, ist es jedoch entscheidend, die gemeinsamen Werte, Forderungen und zentralen Prinzipien nicht aus den Augen zu verlieren, die im Laufe der Jahre zu den Grundlagen des Transhumanismus geworden sind. Dieses Kapitel soll anhand der wichtigsten Schriften der Bewegung die wichtigsten und am weitesten geteilten Ideen des Transhumanismus darstellen, angefangen mit der, dass man sich von der Tyrannei der Natur befreien müsse. Dieses Postulat von der defizienten Natur, die das Projekt, die menschlichen Fähigkeiten technisch zu verbessern und die Lebenserwartung unbegrenzt zu verlängern, herausfordert, liegt einem Großteil der transhumanistischen Äußerungen zugrunde. Das Recht auf die freie Bestimmung der Gestalt des Körpers sowie das Prinzip des vorausschauenden Handelns –

beides hat More formuliert und wirkt noch heute in der Bewegung als Strukturmerkmal – werden danach thematisiert werden, bevor wir schließlich zu der Frage der globalen existentiellen Risiken gelangen und der von mehreren Repräsentanten der Bewegung vertretenen Auffassung, es müsse mit technischen Mitteln auch der Sinn der Menschen für Moral gestärkt werden, um diesen Gefahren zu begegnen.

I. Sich von der »Tyrannei der Natur« befreien

Wir sind bemerkenswerte Lebewesen, aber es wäre anthropozentrische Arroganz, zu behaupten, wir seien perfekt. Wir sind außergewöhnliche Wesen, aber auch außergewöhnlich unvollkommen.[1]

Diese Worte von Didier Coeurnelle und Marc Roux von der französischen transhumanistischen Vereinigung fassen sehr gut die besondere Auffassung vom Menschen zusammen, die den transhumanistischen Vorstellungen zugrunde liegt. Der Wille, den Menschen und seine Fähigkeiten mithilfe von Technik und Wissenschaft zu vervollkommnen, der die Richtschnur der Bewegung ist, geht in der Tat aus einer tiefgreifenden Unzufriedenheit gegenüber der biologischen *Conditio humana* hervor. Für die Transhumanisten liegt das grundlegende Handicap des Menschen in seiner Biologie. Die von der Bewegung verbreitete Idee des erweiterten Menschen setzt gleichsam die eines als defizient bewerteten Menschen voraus. Das ist die grundlegende Feststellung und Forderung der Bewegung. Diese negative Auffassung einer mit Unvollkommenheit, mit einem Handycap und endlich mit einer Art

Tyrannei assoziierten Natur, von der man sich mithilfe der Technologien unbedingt befreien muss, durchzieht die gesamte transhumanistische Philosophie.

Der 1999 von einem der Pioniere der Bewegung, Max More, geschriebene berühmte »Brief an Mutter Natur. Erweiterungen der menschlichen Konstitution« stellt einen der bezeichnendsten Texte dieser »Anthropologie der Defizienz dar«. More geht darin mit der Natur ins Gericht. Zwar begrüßt er ihre schöpferische Kraft, doch nichtsdestoweniger beklagt er die Erbärmlichkeit der Arbeit, die sie am Menschen vollbracht hat:

> Mutter Natur […]. Zweifellos hast du deine besten Kräfte darauf verwandt. Doch bei allem Respekt, du hast, was den Menschen betrifft, nicht immer gut gearbeitet. Du hast uns empfindlich gegen Krankheiten und verwundbar gemacht. Du zwingst uns zu altern und zu sterben, wenn wir gerade erst beginnen, weise zu werden. Du hast dich als knauserig erwiesen, als du uns nur ein begrenztes Bewusstsein unserer körperlichen, kognitiven und emotionalen Prozesse mitgegeben hast. Du demütigst uns, indem du die anderen Tiere mit schärferen Sinnen ausstattest. Du hast uns nur an bestimmte Umweltbedingungen angepasst. Du hast uns nur ein begrenztes Gedächtnis mitgegeben und nur ein geringes Vermögen, unsere tribalistischen und fremdenfeindlichen Regungen zu kontrollieren. Und du hast vergessen, uns die Gebrauchsanweisung zu unserem Funktionieren auszuhändigen! Was du geschaffen hast, ist großartig, aber doch zutiefst unvollkommen.[2]

Diese negative Sicht auf den Menschen und seinen Körper motiviert den gesamten Kampf, den die

Transhumanisten um die Befreiung des Menschen von seinem biologischen Joch führen. »So wie der Humanismus uns von den Ketten des Aberglaubens befreit hat, soll der Transhumanismus uns von unseren biologischen Ketten befreien«[3] verkündet deshalb Simon Young in seinem transhumanistischen Manifest.

Als Quelle von Einschränkungen hält die Natur also die Potentiale des Menschen in Gefangenschaft. Und sie bedroht auch das Überleben über lange Zeit. An sich bereits als problematisch und verstümmelt verstanden, ist die biologische Gestalt des Menschen für die Transhumanisten in Anbetracht der modernen Entwicklung der Welt dies umso mehr. Die bereits weit technisierte Umwelt von heute macht die Deklassierung unseres Körpers und unserer Biologie noch einmal deutlicher – woraus erwächst, was der Philosoph Günther Anders kritisch die »prometheische Scham« genannt hat. Angesichts der modernen Welt erscheint der Mensch zunehmend biologisch unangepasst, weshalb er den Transhumanisten zufolge auf die technologische Höhe der Zeit gebracht werden muss. Der Künstler Stelarc hat diese transhumanistische Auffassung vom veralteten und obsoleten Körper treffend formuliert:

> Es wird Zeit, dass wir uns fragen, ob ein zweibeiniger lungenatmender Körper mit zwei Augen und einem Gehirn von 1400 Kubikzentimetern eine angemessene biologische Form ist. Er kommt mit der Komplexität, der Quantität und der Qualität der Information, die er angesammelt hat, nicht zurecht: Er wird von der Präzision, der Geschwindigkeit und der Macht der Technik überrumpelt, und er ist

biologisch schlecht für seine neue extraterrestrische Umgebung gerüstet. Der Körper ist weder eine effiziente noch eine dauerhafte Struktur. Er funktioniert oft nicht richtig und ermüdet schnell: das Maß, in dem er etwas schafft, wird durch sein Alter bestimmt. Er wird leicht krank und ist für einen sicheren vorzeitigen Tod bestimmt.[4]

Auch der amerikanische Unternehmer und Gründer der Transhumanist Party, Zoltan Istvan, kommt in einem Artikel, der bezeichnenderweise den Titel »Der Transhumanismus und unsere überholte Biologie« trägt, zu dem Schluss, dass der menschliche Körper ungeeignet ist für seine neue »extraterrestrische Umgebung«:

> Die Menschen sind durch ihre Biologie eingeschränkt. Wir handeln aufgrund von Instinkten, die wir aus zehntausenden Jahren der Evolution geerbt haben, was bedeutet, dass unser Verhalten ungeeignet ist für unsere aktuelle Umwelt. Die Futuristen sagen gern, die Evolution komme stets zu spät zum Dinner. Wir haben Instinkte, die zu unserer Biologie passen, die aus einer Welt stammt, die es vor langer Zeit gegeben hat – keiner Welt von Wolkenkratzern, Smartphones, von Reisen in Düsenflugzeugen, Internet und der Genveränderung mittels CRISPR.[5]

Die biotechnologische Verbesserung des Menschen ist für die Transhumanisten also so gut wie lebensnotwendig. Es gäbe schlicht keine Zukunft für die Menschheit, wenn sie sich nicht optimieren wollte: »Sollte die Menschheit seltsamerweise den einhelligen Entschluss fassen, Fortschritt abzulehnen, wäre das Ergebnis davon langfristig fast gewiss ihr

Aussterben«[6], erklärte in diesem Sinne der Robotiker Hans Moravec.

Die Natur ist für die Transhumanisten etwas Unvollkommenes und eine Bedrohung für unsere Entwicklung, sie gilt daher als ein Ort der Ungerechtigkeit, der Fremdbestimmtheit und sogar der Unmoral. Sie bremst unsere Wahlmöglichkeiten und unsere Entscheidungen und steht deshalb für alles, was der menschlichen Freiheit im Weg steht, und unserer Kontrolle entgeht.[7] Als Sphäre der Notwendigkeit und der Determiniertheit ist die Natur für die Transhumanisten eine der hauptsächlichen Quellen der Chancenungleichheit. Sich von ihrer Vormundschaft zu befreien, würde daher für uns die Möglichkeit eröffnen, uns von der ungerechten genetischen Lotterie und einer Vielzahl »vergifteter Geschenke«[8] (Krankheiten, Leiden, Beeinträchtigungen) unabhängig zu machen, die die Natur auf zufällige und ungerechte Weise unter uns verteilt. Der Philosoph Bostrom geht noch weiter in seiner Verdammung der Natur, wenn er sie als Wiege der Unarten, des abweichenden Verhaltens, der Gewalt sowie der Xenophobie letztlich mit dem Bösen gleichsetzt: »Unsere Natur, die uns als Spezies definiert, ist die Quelle eines Großteils von dem, was wir weder respektieren noch akzeptieren dürfen – von Krankheit, Mord, Vergewaltigung, Genozid, Betrug, Folter, Rassismus.«[9] Als Symbol der Entmenschlichung verkörpert die Natur für die Transhumanisten das glatte Gegenteil der Emanzipation, weshalb man sich von ihr befreien muss: »Statt sich in die Ordnung der Natur zu fügen, sind die Transhumanisten der Ansicht, dass wir das Recht haben, uns zu erneuern und unsere Natur entsprechend den Werten der Menschheit und den Wünschen der Einzelnen zu verändern.«[10]

II. Die menschlichen Fähigkeiten vervollkommnen, die Grenzen des Todes verschieben

Während die Vorstellungen des Transhumanismus von der Idee ausgehen, dass der Mensch ein begrenztes und durch seine Biologie behindertes Wesen ist, beruhen sie ebenso sehr auch auf der Überzeugung, dass sich dank den Fortschritten von wissenschaftlicher Technik und Biomedizin ein gewaltiger Horizont für die Menschheit öffnet:

> Der Transhumanismus hat sich dadurch gefestigt, dass er eine Art zu denken etabliert hat, die die folgende Prämisse herausfordert: dass die menschliche Natur im Wesentlichen unveränderbar sei und bleiben solle. Indem er diese mentale Blockade weggeräumt hat, ist es uns erlaubt, eine Welt voller außerordentlicher Möglichkeiten vor uns zu sehen.[1]

Der technologische Fortschritt macht es für die Transhumanisten absehbar, dass der Mensch sich aus der Tyrannei der Natur befreien kann. Indem sie versprechen, die Menschheit von einer erduldeten zu einer freigewählten Evolution zu leiten, wollen sie den Weg dazu freimachen, dass die Menschen zu Designern ihrer eigenen Evolution werden.[2] »Die Menschheit ist fortan in der Lage, ihre eigene biologische Evolution willentlich zu lenken«, begeistern sich Didier Coeurnelle und Marc Roux.[3] Mithilfe von

Wissenschaft und Technik unsere biologischen Grenzen zu überwinden[4], um nicht weniger als ein neues Stadium der Evolution zu erreichen, ist das zentrale Versprechen des Transhumanismus, das in den Begriffen vom Posthumanen und der erweiterten Humanität für die Perspektive darauf, zu mehr als Menschen zu werden, seinen Ausdruck findet[5]:

> Die Transhumanisten hoffen darauf, dass es uns durch eine verantwortungsvolle Nutzung der Wissenschaft, der Technologie und anderer rationaler Mittel eines Tages gelingen wird, post-human zu werden, das heißt, zu Wesen, die über weit höhere Fähigkeiten verfügen als die heutigen Menschen.[6]

Es gibt für die Transhumanisten unzählige dieser von Technik und Wissenschaft versprochenen höheren Fähigkeiten. Zunächst bedeuten sie die Möglichkeit, unsere physischen Fähigkeiten zu verbessern und zu erweitern, indem Technik und Wissenschaft unsere Körper dauerhafter, schneller oder widerstandsfähiger (zum Beispiel gegen Schlafmangel, Krankheiten oder extreme Temperaturen) machen. Unsere physischen Fähigkeiten zu erweitern, bedeutet auch, unsere Sinne zu schärfen oder sogar neue zu schaffen. Insgesamt geht es darum, eine Version 2.0 des menschlichen Körpers zu erzielen[7], so wie es schon die professionellen Athleten in einigen Sportarten versuchen oder im militärischen Bereich durch Exoskeletteile erweiterte Soldaten. Die Grenzen der physischen Fähigkeiten zu erweitern, bedeutet für die Transhumanisten auch, die prokreativen Möglichkeiten zu erhöhen, etwa durch die Wahl genetischer Merkmale der eigenen Kinder oder durch die Geburt von Kindern ohne mütterlichen Körper, wie es die Befürworter eines künstlichen Uterus beabsichtigen.[8] Unsere physischen Fähigkeiten zu verbessern, ist schließlich für die Transhumanisten auch der allgemeine Appell, unsere Bindung daran, ein irdisches Wesen zu sein, aufzulösen, indem wir andere Planeten besiedeln und unsere Körper an die außerirdischen Umwelten anpassen.

Den Menschen und seine Möglichkeiten zu verbessern, bedeutet ferner auch das Versprechen darauf, die Grenzen unserer intellektuellen Fähigkeiten zu erweitern: die der Konzentration, des Gedächtnisses, der Aufmerksamkeit oder der Kreativität. Diese »kognitive Erweiterung« erwarten die Transhumanisten nicht nur von pharmazeutischen Mitteln – wie etwa den *smart drugs,* diesen immer häufiger von Studierenden und vielen Berufstätigen zu nichtmedizinischen Zwecken, nämlich um ihre Leistungen zu verbessern, eingenommenen Medikamenten. Sie wollen auch invasivere Mittel nutzen wie das Einsetzen von elektronischen Chips in den Körper und ganz allgemein die Nutzung von Nanotechnologie und Neurowissenschaften[9]: »Das Zeitalter der Neurowissenschaften verspricht nicht nur neue Behandlungen gegen Alzheimer und andere zerebrale Krankheiten, sondern auch Fortschritte bei der Verbesserung des Gedächtnisses, der Erweiterung der intellektuellen Fähigkeiten und der Verfeinerung unserer emotionalen Reaktionen.«[10] Selbst die Zuhilfenahme der genetischen Selektion wird von Nick Bostrom und Carl Shulman ins Auge gefasst, damit diese zur »Vergrößerung des Humankapitals« beiträgt. Eine solche Auslese »könnte ihnen zufolge Menschen mit einem von bis zu 130 Punkte höheren IQ [im Vergleich zu dem ihrer Vorfahren] schaffen«[11].

Der technisch-wissenschaftliche und biomedizinische Fortschritt verheißt für die Transhumanisten nicht nur die Verbesserung unserer physischen und intellektuellen Fähigkeiten, sondern auch die Optimierung unserer emotionalen Verfassung. Der utilitaristische Philosoph David Pearce, Autor von *The Hedonistic Imperative* und 1998 Mitgründer der International Transhumanist Association, fand, es werde bald möglich sein, namentlich durch die Fortschritte in der Pharmakologie, eine Ingenieurswissenschaft für das seelische Befinden zu entwickeln, die das Leid der Menschen beseitigt und für sie den Zustand »fortwährenden Glücks« schafft.[12] Der Philosoph Bostrom ist nicht weniger optimistisch:

> Die Medikamente und die genetische Therapie werden zu einer vieldimensionalen Facette des Wohlbefindens führen. Sie werden auch die Persönlichkeit ändern und Ängstlichkeit überwinden, Eifersucht besiegen, die Kreativität fördern und ebenso die Fähigkeit zur Empathie erhöhen, wie Emotionen vertiefen. Denken Sie an die Gebete, an die Jugend und die eiserne Disziplin, der sich die Menschen im Lauf der Jahrhunderte unterworfen haben, um zu edleren Persönlichkeiten zu werden. Bald wird dasselbe erreichbar sein, und zwar weit umfassender – einfach dadurch, dass man täglich eine Mischung bestimmter Tabletten einnimmt.[13]

Zum Wohlergehen der Menschen soll für die Transhumanisten auch die Möglichkeit beitragen, mittels Biochemie die Liebesbeziehungen zu optimieren.

Dieses Ziel haben in den letzten Jahren insbesondere die Bioethiker Brian Earp und Julian Savulescu von der Universität Oxford verfolgt. In ihrem Buch *Love Drugs. The Chemical Future of Relationships*[14] treten die beiden Forscher für eine Liebespharmazeutik ein, die es vor allem durch psychoaktive Substanzen wie MDMA erlauben soll, Beziehungsprobleme eines Paares zu überwinden, dadurch, dass sie die Liebesgefühle stärken oder umgekehrt dazu verhelfen, den Bruch einer Beziehung zu verkraften.

Doch außer der technisch-wissenschaftlichen Optimierung der menschlichen Fähigkeiten ist es zweifellos das gemeinsame Hauptanliegen aller Richtungen des Transhumanismus, die Grenzen des Todes zu verschieben. Die menschliche Lebenserwartung radikal zu verlängern durch die Beendigung des Prozesses des Alterns, war von Anfang an die Aussicht, um die es der Bewegung ging. Die »erste Erweiterung« der Verfassung des Menschen, die Max More in seinem berühmten »Brief an Mutter Natur« formuliert hat, betrifft daher die Befreiung vom Tod:

> Wir ertragen nicht länger die Tyrannei des Alterns und den Tod. Durch Genveränderungen, die Manipulation von Körperzellen, synthetische Organe und alles andere, was dazu nötig sein mag, werden wir uns eine dauerhafte Vitalität verschaffen und unser Verfallsdatum löschen. Wir werden selbst über unsere Lebensdauer entscheiden.[15]

Das Ziel, das die Transhumanisten verfolgen, ist dabei nicht, unsterblich zu werden, sondern einen Zustand von »Amortalität«[16] zu erreichen, das heißt, nicht durch Altern zu sterben, sondern – was ebenso spekulativ ist – durch eine persönliche Entscheidung und nicht durch einen Zwang der Natur. So hebt der Transhumanist Marc Roux hervor:

> Der Transhumanismus will, dass wir uns von diesem »Regime der Angst« befreien, das uns die Aussicht auf unseren Tod auferlegt, und stellt eine Amortalität in Aussicht, nämlich ein im Wesentlichen von Krankheiten und Altern befreites Leben, das mehrere Jahrhunderte dauern und theoretisch sogar ewig währen kann.[17]

III. Die Freiheit der Selbstgestaltung und das Prinzip der Proaktivität

Gleich, ob es darum geht, die physischen, intellektuellen oder emotionalen Fähigkeiten des Menschen zu optimieren oder sein Leben radikal zu verlängern, verbinden die Transhumanisten all diese Forderungen mit dem größtmöglichen Liberalismus. Sie sind dagegen, eine bestimmte Praxis oder eine andere zu erzwingen, und auch die Techno-Progressiven sehen lediglich gewisse Regulierungen vor. Sie machen aus der individuellen Freiheit und dem Recht zur Selbstbestimmung zentrale Werte ihrer Bewegung. Bostrom erläutert dies in »The Transhumanist FAQ« wie folgt:

> Die Transhumanisten legen großen Wert auf die Autonomie, auf die Möglichkeit und das Recht der Individuen, ihr eigenes Leben zu planen und zu wählen; also können manche Individuen sich natürlich aus zahlreichen Gründen dazu entscheiden, die Gelegenheit zur Selbstoptimierung, die die Technologie ihnen bietet, nicht zu nutzen.

Die Transhumanisten versuchen eine Welt zu schaffen, in der autonome Individuen die Wahl haben, sich zu optimieren oder auch nicht, eine Welt, in der solch eine Wahl respektiert wird.¹

In seinen geschichtlichen Gedanken zum transhumanistischen Denken weist Bostrom auch darauf hin, dass dieses sehr viel mehr mit der Philosophie des liberalen englischen Denkers John Stuart Mill gemein hat als mit der von Friedrich Nietzsche.² Der techno-progressive Soziologe James Hughes bezieht sich in seinem Buch *Citizen Cyborg* ebenfalls auf den utilitaristischen Philosophen Mill, wenn er ein paar Zeilen aus *On Liberty* zitiert:

> Der einzige Aspekt des Verhaltens eines Einzelnen, der die Gesellschaft etwas angeht, ist der, in dem es um Andere geht. Für das jedoch, was alleine ihn selbst betrifft, ist seine Unabhängigkeit rechtmäßig absolut. Der Einzelne ist der Souverän seines Körpers und seines Geistes.³

Dieser liberale philosophische Unterbau des Transhumanismus findet seinen Ausdruck in einem der zentralen Prinzipien der Bewegung: der »morphologischen Freiheit«. Entsprechend formuliert Dale Carrico:

> Die morphologische Freiheit (oder prothetische Selbstbestimmung) ist der Gedanke, dass die Menschen das Recht haben, ihren Körper zu ihren eigenen Bedingungen zu erhalten oder zu verändern, indem sie sich auf informierte, aber nicht erzwungene oder mit irgendwem abgestimmte Weise der verfügbaren wiederherstellenden oder verändernden Medizin bedienen oder diese ablehnen.⁴

Die morphologische Freiheit ist ein wichtiges ideologisches Merkmal der Bewegung[5]; erstmals definiert wurde sie 1993 von Max More als »die Fähigkeit, die Form des Körpers mithilfe der Chirurgie, der Genetik, der Nanotechnologie und der Verbindung mit dem Internet willentlich zu verändern«.[6] Dieses Prinzip steht für den Widerstand der Transhumanisten gegen jedweden Zwang – die Praktiken der Erweiterung des eigenen Selbst und seines Körpers müssen frei gewählt werden können – und markiert eine deutliche ideologische Abgrenzung gegen ihre Gegner, die More mit dem Etikett »biologischer Fundamentalismus« und dann »Biokonservativismus« versieht: »Ein neuer Konservativismus, der sich gegen die asexuelle Reproduktion wendet, gegen die Nutzung der Genetik, gegen die Modifikation der menschlichen Anatomie, gegen die Überwindung des Todes. Widerstand gegen die Evolution des Humanen zum Posthumanen.«[7]

Die morphologische Freiheit, verstanden als das Recht, seinen Körper frei zu gestalten und zu formen, stellt für den Philosophen Anders Sandberg ein Grundrecht dar: »Was ist die morphologische Freiheit? Ich verstehe darunter eine Erweiterung des Rechts eines Jeden am eigenen Körper, nicht nur in dem Sinne, dass dieser das Eigentum des Selbst ist, sondern auch im Sinne des Rechts, sich selbst nach den eigenen Wünschen zu verändern.«[8]

Weiter führt Sandberg aus, dass dieses Recht

> über die Vorstellung hinausgeht, den Körper so, wie er ist, passiv zu erhalten und sein Potential auszubeuten. Es bedeutet, dass wir unser Potential mit unterschiedlichen

Mitteln erweitern und verändern können. Dieses Recht ist eng verbunden mit den Vorstellungen von Eigentum an sich selbst und Sebstverwirklichung.[9]

Im selben Sinne assoziiert Nick Bostrom die morphologische Freiheit mit dem, was er die »posthumane Würde«[10] nennt, und die »in dem besteht, was wir sind und was zu werden wir das Potential haben«.[11] Auch er hält es für nötig, diese Freiheit als ein Grundrecht anzuerkennen, ebenso wie die Freiheit, prokreative Technologien zu nutzen, um unsere Abstammung zu korrigieren[12]:

> Die Transhumanisten treten dafür ein, dass die Technologien zur Verbesserung des Menschen weithin verfügbar sind, dass die Einzelnen eine große Ermessensfreiheit bei den Technologien haben sollten, die sie auf sich selbst anwenden (morphologische Freiheit), und dass Eltern gewöhnlich darüber entscheiden können sollten, welche Reproduktionstechnologien sie anwenden, wenn sie Kinder haben wollen (reproduktive Freiheit).[13]

Das Recht auf morphologische Freiheit bildet eine Einheit mit einem zweiten zentralen Prinzip der transhumanistischen Bewegung: dem der Proaktivität. So, wie die Gesellschaft einem jedem Menschen das Recht garantieren muss, seinen Körper frei zu verändern, so muss sie auch garantieren, dass der Weg des »technologischen Fortschritts« auf keinen Fall aufgehalten wird. Aus der Überlegung heraus, dass »die Freiheit der technologischen Innovation äußerst kostbar, ja unabdingbar, für die Menschheit ist«[14], hat zuerst Max More das Prinzip der Proaktivität formuliert, als Gegengewicht zum Prinzip der Vorsicht, das dazu verpflichtet, Risiken zu antizipieren und in Wissenschaft und Technik umsichtig vorzugehen. Für More ist das Prinzip der Vorsicht schädlich und behindert den Fortschritt der Menschheit, den vor allem technische Innovationen und Experimente voranbringen: »Wenn der technologische Fortschritt gestoppt wird, verlieren die Menschen eine wesentliche Freiheit und die Gelegenheit, durch alle möglichen Experimente dazuzulernen.«[15]

So verkündet More zum Prinzip der Vorsicht weiterhin: »Lasst tausend Blüten blühen! Untersucht die Blumen, um zu sehen, ob es einen Schädlingsbefall gibt und bekämpft ihn, wenn nötig. Aber schneidet nicht die Hände derer ab, die die Samenkörner der Zukunft aussäen!«[16] Schließlich ist das einzige wirkliche Risiko für die Transhumanisten, keines einzugehen.[17]

IV. Globale existentielle Risiken und das Überleben der Spezies Mensch

In den 2010er Jahren ändert sich das transhumanistische Denken, das für die morphologische Freiheit eintrat und seit seinen Anfängen eine extrem technikfreundliche und zukunftsbegeisterte Ausrichtung gehabt hatte, offenbar ein wenig. Angesichts der ökologischen Krise und größerer technologischer Risiken zeichnet sich nun eine von den Zukunftsaussichten beunruhigtere Haltung in der Bewegung ab. Das 2005 von Nick Bostrom gegründete Institut für die Zukunft der Menschheit (FHI) widmet daher einen wachsenden Teil seiner Forschungen der Vorwegnahme der Gefahren und größeren Risiken, vor denen die Menschheit in der nahen Zukunft steht oder stehen könnte. Die »existentiellen globalen Risiken«, wie Bostrom sie bezeichnet, sind diejenigen, die »die Vernichtung des von der Erde stammenden intelligenten Lebens oder die dauerhafte radikale Verminderung seines Potentials« zur Folge hätten. Es handelt sich um Risiken, fügt Bostrom hinzu, »die die Menschheit in ihrer Gesamtheit gefährden.«[1] Zu diesen Risiken gehören solche menschlichen Ursprungs – vor allem die, die von einer außer Kontrolle geratenen künstlichen Intelligenz ausgehen könnten. Dieser Aussicht hat Bostrom sein wegweisendes Buch *Superintelligenz – Szenarien einer kommenden Revolution*[2] gewidmet. Um auf die von der KI ausgehenden Gefahren aufmerksam zu machen, tritt Bostrom 2015 vor der UNO auf, und aus demselben Grund nehmen eine Reihe von Persönlichkeiten, von Elon Musk über Stephen Hawking bis Bill Gates in den Medien warnend dazu Stellung.

Diese Sorge um die Risiken und Gefahren, die die Technologien für die Menschheit mit sich bringen könnten, scheint vordergründig eine gewisse Distanzierung der Bewegung von ihren anfänglichen techno-optimistischen Positionen zu bedeuten. Doch diese Distanzierung ist nur vordergründig. Jedenfalls stellt die Besorgnis über existentielle Risiken die grundlegenden ideologischen Orientierungen der Bewegung, insbesondere ihre Technikbegeisterung, nicht infrage. Diese Betonung globaler Risiken erlaubt es ihr aber nicht nur, sich als eine ethisch verantwortungsvollere Bewegung darzustellen, die sich der Gefahren für die Menschheit bewusst ist, sondern stützt sich auch auf eine technozentrische Auffassung der Zukunft und des Verlaufs der Geschichte, in der die Technologie und die Modifikation des Menschen noch immer und ein für alle Mal als die einzigen Mittel erscheinen, auf die unterschiedlichen Bedrohungen zu antworten. Angesichts des immer wieder bemühten Bildes vom durch den Fortschritt der künstlichen Intelligenz überholten und deklassierten Menschen betonen zahlreiche Transhumanisten die Notwendigkeit, die kognitiven Fähigkeiten des Menschen durch die Fusion von Gehirn und Maschine zu vergrößern. Entsprechend hat Elon Musk die Gründung seines Start-Up Neuralink begründet: »Eine schnell mit dem Gehirn zu verbindende Schnittstelle wird dem Menschen dazu verhelfen, eine Symbiose zwischen ihm und der Maschine zu schaffen, und diese könnte die Probleme der Kontrolle und der Nützlichkeit regeln«[3], verkündete er 2017.

Im selben Sinne wurde innerhalb der Bewegung auch eine neue Forderung erhoben, nämlich die, mit technischen Mitteln die menschliche Moral zu heben. »Moralische Erweiterung« (*moral enhancement*) haben vor allem die Philosophen Julian Savulescu und Ingmar Persson in mehreren Publikationen vertreten, insbesondere in einem Buch, das bezeichnenderweise den Titel trägt *Nicht fit für die Zukunft. Die Notwendigkeit moralischer Erweiterung*[4]. Darin stellen Savulescu und Persson fest, dass der Mensch immer weniger auf einer Höhe ist mit jenen den ganzen Planeten betreffenden Anforderungen, die sich ihm stellen. Zunehmende Gewalt, Kriege, beschleunigte Zerstörung des Planeten und die Risiken der neuen Technologien sind sämtlich Bedrohungen, die unsere Existenz gefährden. Den Autoren geht es darum, das moralisch-ethische Gepäck des Menschen, das sie für veraltet halten, schleunigst mit technischen Mitteln an die neuen Anforderungen anzupassen. In diesem Sinne appellieren die beiden Philosophen an die Biotechnik und die Pharmakologie, unsere psychologischen und moralischen Fähigkeiten zu optimieren, um die Zukunft für die menschliche Spezies zu sichern: »Wir sind der Meinung, dass es prinzipiell keine philosophischen oder moralischen Einwände dagegen geben kann, solche biomedizinischen Mittel für die Stärkung der Moral – ›wir sprechen von erweiterter Moral‹ – zu nutzen.«[5]

Dieser Appell, das moralische Empfinden mit technisch-wissenschaftlichen Mitteln zu ändern, ist in der Bewegung weithin aufgegriffen worden, insbesondere auf ihrem techno-progressiven Flügel. Die Repräsentanten der Französischen Transhumanistischen Vereinigung, Didier Coeurnelle und Marc Roux, gehen von dem Gedanken aus, dass »das, was uns kurzfristig am meisten bedroht, wir selbst sind«[6], und sind ebenfalls der Meinung, dass ein solcher technisch-wissenschaftlicher Eingriff in den Menschen geeignet sein könnte, zu einer Befriedung unserer Gesellschaften beizutragen: »Es könnte eines Tages möglich sein, risikolos die allgemeinen Tendenzen zu Aggression zu vermindern. Eine umfassende Intervention, durch die unsere Aggressivität reduziert wird, könnte wünschenswert sein, um unsere Selbstzerstörung zu verhindern.«[7] Coeurnelle und Roux führen mehrere Maßnahmen an, die dazu dienen könnten:

> Die jüngsten Fortschritte eröffnen hinreichend sichere Wege dahin. Unsere Fähigkeiten zu neurologischen In-

terventionen haben sich in unterschiedliche Richtungen weiterentwickelt: psychoaktive Substanzen (wie Prozac, deutsch Fluoxetin, und Ritalin), Mikrochirurgie zur Stimulation bestimmter Gehirnzonen, Hirnimplantate, Entwicklungen in der Genetik und der Nanotechnologie, die magnetische Gehirnstimulation ...[8]

Für Coeurnelle und Roux, die damit ganz deutlich das humanistische Prinzip des proaktiven Handelns vertreten, gibt es nichts, was einen Widerspruch gegen eine solche technisch-wissenschaftliche Veränderung des Menschen rechtfertigen könnte, solange es darum geht, eine freundliche und friedliche Welt herbeizuführen:

> Stellen wir uns Gesellschaften vor, in denen das Bedürfnis zu herrschen geringer geworden ist, in der das Mitempfinden weiterverbreitet ist, in denen die Gewählten nicht nach Macht gieren, sondern danach, ihren Mitbürgern zu dienen; stellen wir uns Beziehungen zwischen den einzelnen Gemeinschaften vor, in denen Gewalt nur schwerlich als eine Lösung gilt. Kommen uns die moralischen Prädispositionen des Menschen, wie wir sie kennen, so ideal vor, dass wir nicht daran rühren sollten? Sind sie etwa heilig?[9]

Dürfen die transhumanistischen Ideale die menschliche Natur hinter sich lassen und die Zukunft der menschlichen Spezies bedrohen? Genau das ist in der Tat die Frage, an der sich ein Großteil der philosophischen und ethischen Debatten um den Transhumanismus seit den Anfängen der Bewegung abgearbeitet hat.

4. KAPITEL

Biokonservative gegen Bioliberale: Es geht um die Natur des Menschen

Seit seiner Entstehung hat der Transhumanismus nicht aufgehört, Debatten auszulösen und lebhafte Polemiken zu provozieren. Nicht zuletzt durch letztere hat die Bewegung an Popularität gewonnen, und ihre Ideen haben von einer breiten Medienpräsenz profitiert. In der Folge der heftigen Debatte über die Frage der Eugenik und die Zukunft der menschlichen Natur in der Ära der Gentechnik, in der sich am Ende der 1990er Jahre in Deutschland die Philosophen Jürgen Habermas und Peter Sloterdijk gegenüberstanden[1], hat sich die Diskussion über den Transhumanismus und die Perspektive auf einen technisch-wissenschaftlich erweiterten Menschen sehr bald auf die Frage nach der menschlichen Natur konzentriert, wobei sich immer deutlicher zwei große ideologische Konzepte gegenüberstanden. Um das erste gruppierten sich ganz unterschiedliche Denker, die von ihren Gegnern oft als Biokonservative bezeichnet wurden. Für sie bedeutet der Transhumanismus einen Angriff auf die Natur des Menschen und auf die fundamentalen Werte, die mit dieser einhergehen, und damit eine Bedrohung seiner Zukunft. Das andere Lager versammelt die Denker, die man umgekehrt allgemein »Bioliberale« nennt. Diese sehen sich als Bioethiker und sind der Meinung, dass die transhumanistischen Ideale an sich keine menschliche Natur hinter sich lassen, wohl aber, dass sie unbedingt auf vernünftige Weise verwirklicht werden müssen. Während erstere den Humanismus und jegliche Anwendung der Medizin und biomedizinischer Mittel zu anderen als therapeutischen Zwecken entschieden ablehnen, geht es für letztere darum, solche Anwendungen zu regulieren, um die Risiken zu minimieren und die Erfolge zu maximieren. Doch so gegensätzlich beide Standpunkte auch sein mögen, so treffen sie sich jedoch, wie wir sehen werden, darin, das Problem des Transhumanismus zu entpolitisieren, indem sie im einen wie im anderen Fall das Gesellschaftsmodell, das ihm zugrunde liegt, außer Acht lassen.

I. Ist die menschliche Natur in Gefahr?

Der Transhumanismus stellt eine der »gefährlichsten Ideologien der Welt« dar[1]. Mit diesen Worten trägt der 1992 mit seinem Buch *Das Ende der Geschichte* weltbekannt gewordene Politikwissenschaftler Francis Fukuyama Anfang der 2000er Jahre dazu bei, den Transhumanismus zum internationalen Thema zu machen und beschert der bis dahin wenig bekannten Bewegung einen recht großen Medienauftritt. Im Rahmen einer Serie in der amerikanischen Zeitschrift *Foreign Policy* über die gefährlichsten Ideologien am Beginn des neuen Jahrtausends veröffentlicht Fukuyama diesen heftigen Angriff auf den Transhumanismus, der für ihn ein ganz neuer Typ von Befreiungsbewegung ist: »Im Laufe der letzten Jahrzehnte ist in den entwickelten Ländern eine seltsame Befreiungsbewegung entstanden. Ihre Anhänger [...] wollen nichts weniger, als die menschliche Spezies von ihren biologischen Zwängen befreien.«[2] Dieser Wille, den Menschen von seinen biologischen Zwängen zu befreien, könnte für Fukuyama, statt zu einer »enhanced« Menschheit zu führen, die Zukunft der Menschen bedrohen, indem er ihr Wesen angreift.

Noch klarer entwickelt der Forscher diese These in seinem 2002 veröffentlichten Buch *Our Posthuman Future* – auf Deutsch unter dem Titel *Das Ende des Menschen*[3] erschienen. Zehn Jahre, nachdem er seiner Freude über das glückliche Ende der menschlichen Geschichte mit dem Zusammenbruch des Kommunismus und des weltweiten Strebens nach liberaler Demokratie, die er von nun an für unbesiegbar hielt, Ausdruck verliehen hatte, teilt Fukuyama in diesem Buch seine Angst mit, dass der Transhumanismus – der, wie er ausführt, »hinter einem Großteil der biomedizinischen Forschungsprogramme von heute steht«[4] – dieses Szenario vernichtet, indem er die biologischen Grundlagen des Menschseins infrage stellt. Denn Fukuyamas gesamte Kritik am Transhumanismus beruht in der Tat auf der Vorstellung, dass es so etwas wie eine »menschliche Natur« an sich gebe, auf der die wesentlichsten menschlichen Werte basierten:

> Das ist meines Erachtens wichtig, weil die menschliche Natur existiert, weil sie ein bedeutungsvolles Konzept ist und weil sie eine stabile Kontinuität für unsere Erfahrung als Gattung geliefert hat. Sie bestimmt gemeinsam mit der Religion unsere grundlegenden Werte.[5]

Genauer gesagt, sei sie das Fundament der modernen liberalen Demokratie, »während eine Technik, die fähig ist, das, was wir sind, umzuformen, das Risiko von möglicherweise verhängnisvollen Folgen für die liberale Demokratie und die Form der Politik selbst mit sich bringt.«[6] Für Francis Fukuyama steht vor allem die rechtliche Gleichheit dabei auf dem Spiel:

> Das erste Opfer des Transhumanismus könnte die Gleichheit sein. [...] Der Idee der rechtlichen Gleichheit liegt die Überzeugung zugrunde, dass wir alle einen menschlichen Wesenskern haben, der die offenkundigen Unterschiede der Hautfarbe, der Schönheit und sogar der Intelligenz überstrahlt. [...] Wenn wir beginnen, uns in etwas Höheres zu verwandeln, welche Rechte werden diese verbesserten Geschöpfe dann für sich beanspruchen und welche Rechte werden sie haben im Vergleich zu denen, die sie hinter sich lassen?[7]

Fukuyamas Befürchtungen entsprechen dem Szenario, das der Biologe Lee M. Silver bereits einige Jahre zuvor entworfen hatte. Silver stellte sich eine Zukunft vor, in der sich die Unterschiede zwischen den Klassen der Gesellschaft durch einen »genetischen Bruch« der menschlichen Spezies erheblich verschärfen würden, da die Anwendung von biotechnischen Maßnahmen nur für eine Minderheit von Vermögenden zugänglich wäre. Das ist das Szenario einer Menschheit mit zweierlei Geschwindigkeit, in der eine reiche erweiterte Elite der übrigen Bevölkerung gegenübersteht, die dann eine »Unterart« des Menschen darstellt.[8]

Fukuyama verdammt entschieden die transhumanistischen Ideale und ruft dazu auf, eine Ethik der natürlichen Ausstattung des Menschen zu formulieren, die allein, so glaubt er, das widernatürliche Projekt des Transhumanismus konterkarieren könnte:

> Die Umweltbewegung hat uns Bescheidenheit und Respekt gegenüber der gesamten nicht-menschlichen Natur gelehrt. Wir brauchen eine ähnliche Bescheidenheit in Hinblick auf unsere menschliche Natur. Wenn wir diese Bescheidenheit nicht schnell entwickeln, könnte dies eine unwillentliche Einladung der Transhumanisten dazu bedeuten, die Menschheit mit ihren genetischen Bulldozern und ihren Kaufhäusern für psychotrope Pharmaka zu entstellen.[9]

Auch der amerikanische Philosoph und Bioethiker Leon Kass vertritt eine solche Ethik des Respekts vor der menschlichen Natur; er ist neben Fukuyama einer der wichtigsten Vertreter dessen, was gemeinhin »Biokonservatismus«[10] genannt wird. Kass, der bekannt geworden ist durch seine Stellungnahme gegen das Klonen von Menschen und jede Form einer über das Therapeutische hinausgehenden Nutzung der Biotechnologie, war von 2001 bis 2005 der Vorsitzende des wichtigen, von Präsident George W. Bush geschaffenen Bioethik-Komitees. Unter seinem Vorsitz sollte das Komitee fünf große zusammenfassende Berichte publizieren, darunter *Beyond Therapy. Biotechnology and the Pursuit of Happiness.*[11] Dieser 2003 veröffentlichte Bericht ist Teil der Kontroverse um die Frage des »Enhancement«, der Erweiterung, des Menschen, die im Jahr zuvor von der Veröffentlichung des auf Initiative der National Science Foundation und des amerikanischen Handelsministeriums zustandegekommenen Berichts *Converging Technologies for Improving Human Performances* ausgelöst wurden war.

Es sei ein einzigartiger Moment in der Geschichte technischer Errungenschaften, erklärte einer der Autoren dieses Berichts, der Soziologe William Sims Bainbridge, ein dem Transhumanismus nahestehender Forscher, enthusiastisch, dass die Verbesserung der Fähigkeiten des Menschen dank der Integration von Technologien möglich wird.[12]

Leon Kass und die Experten des Berichts *Beyond Therapy* wollen dagegen aufzeigen, dass der Wunsch, sich durch Biotechnologie »besser als gut« machen zu lassen, dazu führt, die Medizin von ihrer ursprünglichen therapeutischen Funktion zu entfremden, also der, zur Erholung oder Wiederherstellung des lebendigen menschlichen Organismus beizutragen.

Das Aufkommen dieser »verbessernden Medizin« trägt für Kass dazu bei, die Würde des Menschen grundsätzlich infrage zu stellen.[13] Auch wenn diese für ihn nicht an sich bereits eine natürliche Eigenschaft ist, wie etwa die, von Geburt an braune Haare und blaue Augen zu haben, ist sie doch in wesentlichen Lebensumständen verankert:

> Das ist nichts offenkundiges. Es ist nicht in Stein gehauen, es entwickelt sich. Aber es gibt bestimmte Charakteristiken dafür, die wesentlich sind, und wenn wir diese verlören, würden wir zu etwas anderem als dem, was wir sind.[14]

Dem Risiko einer Entmenschung des Menschen durch den Transhumanismus und die technischen Wissenschaften setzt Kass entgegen, dass es wichtig sei, eine »Weisheit des Widerwillens« zu entwickeln, denn der Widerwille oder die Abscheu, die man spontan gegenüber irgendeiner Sache verspürt, ist für den Philosophen eine wertvolle moralische Richtschnur, die unser Handeln leiten kann. Widerwille, schreibt er, sei »der emotionale Ausdruck einer tiefen Weisheit, die über das hinausgeht, was die Vernunft zu artikulieren vermag.«[15] Auf geradezu religiöse Weise ruft der Philosoph darüber hinaus zu einer »Remoralisierung« der menschlichen Natur auf, »um die Macht der Biotechnologie zur richtigen Nutzung anzuhalten«. Mäßigung und der Respekt »vor dem besonderen Geschenk, das unsere eigene Natur darstellt«,[16] sind für Kass die angemessensten Antworten auf die transhumanistische Gefahr.

II. Ein Symptom dafür, dass der Mensch seiner selbst müde ist

Mit deutlich unterschiedlichen Akzenten hat es auch in Frankreich eine lebhafte Kritik am Transhumanismus gegeben. Mehrere Stimmen haben sich hier gegen die Ideologie vom erweiterten Menschen erhoben, darunter die des Philosophen Jean-Michel Besnier oder des Mathematikers und Philosophen Olivier Rey. Auch wenn man diese Autoren nicht einfach als »biokonservativ« einordnen kann, da sie nicht wie Fukuyama oder Kass von einer Idee der menschlichen Natur an sich ausgehen, bleiben sie dabei, dass es etwas eigenes menschliches gibt, etwas wesentlich menschliches, das auch für sie durch den Transhumanismus und den Willen zur Optimierung des Menschen gefährdet ist. Besnier veröffentlichte 2009 eines der ersten französischen Bücher zum Transhumanismus[1] und wurde schnell zu einem der wichtigsten französischen Gegner der Bewegung. Sein Buch *Demain les posthumains*[2] (Morgen die Transhumanen) hat den bezeichnenden Untertitel *Le futur a-t-il encore besoin de nous?* (Braucht uns die Zukunft noch?) – eine Referenz an einen im Jahr 2000 vom amerikanischen Ingenieur Bill Joy veröffentlichten Artikel, in dem dieser der Befürchtung Ausdruck verleiht, dass mit den bahnbrechenden Erfolgen von Technik und Wissenschaft die Tage der Menschheit bald gezählt sein werden.[3] Besnier teilt in seinem Buch dieselbe Angst. Indem er sich dem modernen technischen und wissenschaftlichen Projekt einer »Plünderung der Natur« hingebe, bedrohe der Transhumanismus das »eigenste Wesen des Menschen«[4], schreibt er mit den Worten Heideggers. Der Transhumanismus ist für den Philosophen vor allem ein Symptom: Das zivilisatorische Symptom einer Müdigkeit des Menschen, er selbst zu sein in einer von Wissenschaft und Technik beherrschten Welt.

Der erweiterte Mensch der Transhumanisten bezeichne alles andere als das Entstehen einer emanzipieren Menschheit; vielmehr sei er das Anzeichen dafür, dass die Menschen ihrer selbst, so wie sie sind, überdrüssig geworden sind. Das ist im Kern die These, die der Philosoph vertritt, der sich durch die Arbeiten von Günther Anders hat inspirieren lassen, insbesondere von dem Begriff der »prometheischen Scham«, die dieser in seinem Buch *Die*

Antiquiertheit des Menschen entwickelt hat, wo er diese »Scham vor der ›beschämend‹ hohen Qualität der selbstgemachten Dinge«[5] beschreibt. Diese Scham des Menschen über sein Menschsein, sein Allzumenschlich-Sein, angesichts der Perfektion der Maschine ist für Besnier der eigentliche Ursprung des Transhumanismus: »Der Posthumanismus, das ist der armselige Traum derjenigen, die ihre Maschinen soweit imitiert haben werden, dass sie aus sich alles heraustreiben, was ihnen Widerstand entgegensetzt, bis sie damit einverstanden sind, sich selbst nur noch als eine Blackbox zu betrachten, die Signale sendet und empfängt.«[6] Die verborgene Wahrheit des Transhumanismus sei es, unter dem Vorwand, den Menschen zu erweitern, tatsächlich den Menschen zu töten, indem er opfert, was das spezifisch Menschlichste an ihm ist, nämlich die Sprache, die Symbolik: »›Desymbolisierung‹ könnte die Sache auf den Begriff bringen.«[7]

Von einer »tödlichen Sehnsucht nach Unsterblichkeit«[8] geprägt, sei der Transhumanismus letztlich vor allem Ausdruck einer von sich selbst ermüdeten Menschheit, die am liebsten aufhören wollte zu existieren, so wie eine depressive Person:

Unfähig, es mit der Kompliziertheit der Existenz aufzunehmen, willigt der Depressive darin ein, sich auf die einfachste Form resilienten Verhaltens reduzieren zu lassen, auf die Triebhaftigkeit animalischen Lebens, auf die Automatismen des Maschinenlebens. Das Tier wie die Maschine sind für ihn so etwas wie ein Alibi für seinen Selbsthass.[9]

Die deutlich psychoanalytisch geprägte Kritik Besniers am Transhumanismus und seinem Umkreis führt ihn zu einer recht düsteren und pessimistischen Zukunftsvision, da für ihn der Mensch unerbittlich dazu verdammt ist, ein *simplifiziertes*[10] Wesen zu werden. Besnier zitiert dazu den Paläoanthropologen André Leroi-Gourhan, der bereits zu seiner Zeit eine solche reduzierte Zukunft erwartete: »Eine zahnlose Menschheit die liegend leben würde und das, was von ihren früheren Gliedmaßen übrig ist, nur noch dazu benutzt, um auf Knöpfe zu drücken, ist nicht völlig unvorstellbar.«[11] Die Ohnmacht gegenüber dem Transhumanismus und seinen steilen Versprechen, die der Philosoph behauptet, lässt ihn am Ende kaum etwas anderes erhoffen als ein – unwahrscheinliches – letztes Aufbäumen der Menschheit angesichts des eigenen Aussterbens.

Die Kritik am Transhumanismus, die der Philosoph und Essayist Olivier Rey 2018 in seinem Buch *Leurre et malheur de transhumanisme*[12] (Verlockung und Elend des Transhumanismus) formuliert, gleicht in mancher Hinsicht der Besniers. Doch anders als dieser schreibt Rey ausdrücklich aus einer christlichen religiösen Perspektive.[13] Seine Überlegungen sind vor allem von den Arbeiten des Biokonservativen Kass angeregt: »Meine Position rührt von dem her, was man nach Kass die Weisheit des Widerwillens nennen kann.«[14] Der Philosoph rät in seinem Buch zu einer gewissen kritischen Distanz gegenüber den großen transhumanistischen Versprechungen, die für ihn vor allem dazu bestimmt sind, die Menschen gegenüber der Wahrheit, nämlich dass sie schwache Wesen sind, blind zu machen, und auch er äußert

seine tiefe Befürchtung, dass der Transhumanismus
»das Menschsein« infrage stellt: »Wie sein Titel nahelegt, behauptet dieses Buch keine Neutralität, denn
diese scheint mir bei einer solchen Frage allemal unangebracht: Wenn es um unser Sein geht, muss man
Stellung beziehen.«[15] Während für Besnier der Transhumanismus vor allem das Symptom der Scham und
des Überdrusses, man selbst zu sein, ist, steht er bei
Rey für einen Ausdruck der Allmachtsphantasien, die
die Menschen angesichts ihres durch die technischwissenschaftliche Moderne geschwächten Status hegen.

Für Rey ist der Transhumanismus die Frucht einer
untätig gewordenen und desakralisierten Gesellschaft und damit nichts anderes als das infantile und
megalomane Anzeichen einer »Regression« in der
psychoanalytischen Wortbedeutung:

> [Die Transhumanisten] meinen sich mit den Mitteln der
> Technologie von allen natürlichen Zwängen zu befreien,
> und sie machen sich nicht bewusst, dass sie, indem sie diesen Weg einschlagen, mehr denn je von dem sehr urtümlichen Trieb nach Herrschaft und von regressiven Phantasmen völliger Souveränität über sich selbst beherrscht
> werden. Übermenschlichkeit, Triumph des Geistes? Eher
> ein Zurück nach ›His Majesty the Baby‹, das keine anderen Gesetze als seine Triebe kennt. [...] Nein, keine
> Apotheose des Menschen, sondern seine Regression ins
> Infrahumane.[16]

Unter einem Gewand von Hightech verbirgt sich
im erweiterten Menschen der Transhumanisten in
Wirklichkeit ein von Technologie und Wissenschaft

auf seine Animaliät und seine primären Triebe reduzierter Mensch: »Der Transhumanismus gibt sich als etwas über den Menschen hinausreichendes. Bei genauem Hinsehen entdecken wir allerhand allzu diesseitiges, das sich hinter dem angeblichen Jenseitigen verbirgt.«[17] Das ist für Rey die Verlockung und das Elend des Transhumanismus, denen gegenüber anscheinend nur eine Ethik der Natur[18] und die traditionellen religiösen Werte den Zusammenbruch der Menschenwelt verhindern können: »[Eine wahre Erweiterung des Menschen] würde auch und vor allem darin bestehen, die spirituellen Fähigkeiten wiederzugewinnen, die nach einigen Jahrhunderten des Fortschritts, heute nur noch in Restbeständen existieren.«[19]

III. Wir sind schon immer Cyborgs gewesen

Während die Ideen der Transhumanisten Gegenstand lebhafter Kritik seitens der sogenannten (Bio-)Konservativen waren, sind umgekehrt auch die biokonservativen Positionen heftig angegriffen worden. Natürlich von Seiten der Transhumanisten selbst, aber auch von einer Anzahl akademischer Forscher, die man oft »bioliberal«[1] nennt und die nicht zur transhumanistischen Bewegung gehören. Manche von ihnen verurteilen sogar deren extreme Standpunkte, sind jedoch nicht der Meinung, dass die Praktiken der technisch-wissenschaftlichen und biomedizinischen Optimierung des Menschen und seines Körpers an sich schon das Überschreiten anthropologischer Grenzen bedeuten oder einen gewaltigen historischen Einschnitt darstellen, der es rechtfertigen würde, sie einseitig zu verdammen. Diese Praktiken könnten sogar, wenn sie vernünftig eingehegt sind, einige Wohltaten für die Menschen mit sich bringen.

Diese liberale bioethische Haltung, die die Frage des erweiterten Menschen pragmatisch behandelt, als ein technisches Thema und zugleich ein ethisches, das die Individuen, ihre Rechte und Freiheiten sowie ihre Sicherheit betrifft, ist bezeichnend vor allem für die angelsächsische Universitätswelt und stellt einen dritten Weg da, zwischen dem *Laisser-faire* der Transhumanisten und dessen Verdammung durch die Biokonservativen.

Im Unterschied zu den Biokonservativen sind die Vertreter des Bioliberalismus nicht der Meinung, dass man das Streben der Transhumanisten danach, den Menschen durch den technisch-wissenschaftlichen Fortschritt und den der Biomedizin zu verbessern, in Bausch und Bogen verdammen solle, da er die »Natur des Menschen« überschreite oder infrage stelle. Der Mensch, finden diese Wissenschaftler, habe doch schon immer versucht, mit technischen Mitteln seine Lage zu verbessern. Der Wille, durch die Nutzung von Technologien über sich hinauszuwachsen, sei konstitutiv für die menschliche Natur. So schreibt der Medizinethiker Fritz Allhoff:

Seit dem Anfang der Geschichte haben wir mehr als menschlich werden wollen, höhere Menschen. Vom göttlichen Gebot an Gilgamesch bis zum edlen Ehrgeiz des Ikarus, von Beowulf bis zu den mythischen Fähigkeiten der Shaolin-Mönche und verschiedener Schamanen, die ihre Gestalt verwandeln können, haben wir unsere gesamte Geschichte über davon geträumt – und wir träumen noch immer –, uns zu verwandeln, um unsere allzu menschlichen Grenzen zu überschreiten.[2]

Derselben Meinung ist der Philosoph Alain Gallerand, der sich auf den amerikanischen Bioethiker John Harris beruft: »Das Projekt der Verbesserung ist Wesensteil des Menschseins: Die Menschen haben sich seit je verwandeln wollen, und die transhumanistische Bewegung ist nur der letzte Avatar dieses Strebens nach Vervollkommnung, das es seit Menschengedenken gibt.«[3] So gesehen ist das Streben nach der Perfektionierung des Menschen, wie es heute die Transhumanisten verkörpern, seit jeher Teil einer Tradition, die zum Menschsein dazugehört.

Wenn der Transhumanismus in den Augen der liberalen Bioethiker keinen größeren anthropologischen Bruch verkörpert, so liegt das auch daran, dass die »menschliche Natur« vielleicht selbst eine Mischung von Organischem und Technischem ist. Vielleicht ist der Mensch eigentlich ein *geborener Cyborg*. Das ist jedenfalls die These, die vor allem der Erkenntnisphilosoph Andy Clark vertritt.[4] Für ihn gilt, was Gilbert Hottois so zusammenfasst: »Die Technologie ist konstitutiv für das, was wir sind und sein werden. Und dieser Prozess hat bereits mit der Entstehung des menschlichen Primaten begonnen.«[5] Dieselbe Position hat übrigens auch Sloterdijk in seiner Kontroverse mit Habermas über die Nutzung der Biotechnologie vertreten, als er betonte, dass der Mensch von Haus aus ein »anthropotechnisches« Wesen sei: »Wenn ›es‹ den Menschen gibt, dann nur, weil eine Technik ihn aus der Vormenschheit hervorgebracht hat. Sie ist das eigentlich Menschen-Gebende ...«⁶ Und wenn der Mensch ein anthropotechnisches Wesen ist, kann er sein Wesen nicht verraten, wenn er diese oder jene Biotechnologie nutzt: »Daher geschieht den Menschen nichts Fremdes, wenn sie sich weiterer Hervorbringung und Manipulation aussetzen. Sie tun nichts Perverses oder ihrer Natur Widerstreitendes wenn sie sich autotechnisch verändern.«⁷ Sloterdijk fügt hinzu: »Wenn die moderne Biotechnologie so weit geht, direkt in den genetischen ›Text‹ des einzelnen Menschen einzugreifen, so gehören auch solche Anfügungen zur anthropotechnischen Natur.«⁸

Für die Vordenker des Bioliberalismus ist nicht nur die Argumentation mit einer menschlichen Natur, die durch die Nutzung von Technologien gefährdet werde, unannehmbar, sondern auch die, dass die Medizin sich auf ihre therapeutische Rolle der Wiederherstellung von Körperfunktionen beschränken sollte. Vor allem, da die Medizin schon seit jeher in nicht wenigen Fällen die rein therapeutische Rolle verlassen hat. Der Philosoph Harris erinnert in diesem Zusammenhang an die Impfung:

> Impfungen sind keineswegs »Behandlungen«, denn im allgemeinen sind die geimpften Personen keineswegs krank. Impfungen zielen auf nichts anderes als eine Erweiterung des Körpers, denn sie wirken auf die normale Physiologie der Menschen, um ihre Widerstandskraft gegen Krankheiten zu verbessern und ihre Überlebenschancen zu erhöhen.⁹

Weiterhin auch, weil die Unterscheidung zwischen Therapie und der Verbesserung der menschlichen

Natur letztlich relativ ist, je nachdem, wozu eine Technologie oder ein Medikament genutzt wird oder was die Situation der Anwender ist: »Verschiedene Moleküle, die auf die Stimmung oder die kognitiven Fähigkeiten wirken, sind je nach den Umständen therapeutisch oder eine Verbesserung der Natur«[10], stellt Hottois fest.

Alles in allem gibt es für die liberalen Philosophen und Bioethiker keinen seriösen Grund, die Optimierung des Menschen mithilfe von Wissenschaft und Technik en bloc zu verbieten oder zurückzuweisen; alles andere wäre völlig dogmatisch. Für sie geht es nicht darum, den erweiterten Menschen zu verdammen, sondern diese Erweiterung zu regulieren. Der Philosoph Luc Ferry, der der Hauptvertreter dieser liberalen bioethischen Position ist, hat gut zusammengefasst, worum es dabei geht.

> Die Biokonservativen werden niemals die Fortschritte aufhalten, vor denen sie Angst haben. Indem sie sich weitgehend folgenlos dafür einsetzen, sie schlicht und einfach zu verbieten, laufen sie lediglich Gefahr, die einzige Sache zu vernebeln, um die es wirklich geht: nicht das Verbot, sondern die notwendige Regulierung.[11]

Auch wenn die Praktiken der Erweiterung des Menschen an sich nichts wesentlich menschliches verletzen, ist den liberalen Denkern bewusst, dass es eine Reihe von Risiken gibt, die in dieser Sache kein völliges *Laisser-faire* erlauben.

IV. Lieber regulieren als verdammen?

Da sie davon ausgehen, dass Technologien an sich weder gut noch böse sind und dass es nur darauf ankommt, wie man sie einsetzt, stimmen die liberalen Bioethiker darin überein, dass es wichtig ist, die technisch-wissenschaftlichen und biomedizinischen Entwicklungen zu regulieren, um ihre Vorteile zu maximieren und ihre negativen Folgen zu begrenzen. Auch wenn sie sich gegen die Biokonservativen wenden, verurteilen die Bioliberalen doch genauso die exaltiertesten transhumanistischen Zukunftspläne, in denen die Risiken, die die Erweiterungspraktiken für die Einzelnen mit sich bringen könnten, kleingeredet werden. Ihre Position bezeichnet der Bioethiker Allen Buchanan als »anti-anti-Enhancement«: »Die vernünftige Alternative zum ›Gegen die Erweiterung‹«, erläutert er, »ist nicht die Position ›für die Erweiterung‹, sondern eher die von ›Anti-Anti-Erweiterung‹, die Zurückweisung der Aufforderung, vollständig auf jede Erweiterung zu verzichten.« Wer die Dinge so betrachtet, betont Buchanan, »wird die potenziellen Vorteile einer Erweiterung des Menschen eher sehen als ihre Gegner, aber deshalb nicht verneinen, dass es ernsthafte Risiken dabei gibt.«[1]

Eines der ersten Risiken, dass die Praktiken der Erweiterung des Menschen mit sich bringen, betrifft die Sicherheit und die Gesundheit der Individuen. »Bestimmte technologische Anwendungen, deren Wirkung noch nicht gut bekannt ist, sind gewiss nicht gefahrlos für die menschliche Gesundheit: Ein Implantat ist invasiv, ein Medikament hat Nebenwirkungen.«[2] Da sie den Körper und die Gesundheit betreffen, müssen die Erweiterungstechnologien einer strikten Sicherheitskontrolle unterworfen werden, um herauszufinden, ob sie nicht möglicherweise schädlich sind. Das gelte umso mehr, als die Risiken sehr unterschiedlich und relativ sind, betont Henry Greely: »Ein Medikament oder ein chirurgischer Eingriff können hinreichend sicher sein, um angesichts der mit einer Krankheit verbundenen Risiken angewendet werden zu können, aber nicht im Zusammenhang mit einer anderen Krankheit oder zur ›Verbesserung‹ eines gesunden Menschen.«[3] Risiken, die in einem bestimmten Kontext oder bei einer bestimmten Anwendung akzeptabel sind, sind dies in einem anderen Kontext oder bei einer anderen Anwendung nicht:

> Ein Medikament zum Beispiel, das kognitive Funktionen bei Personen, die unter schwerer Demenz leiden, wiederherstellt, aber auch schwere unerwünschte Wirkungen hat, mag hinreichend sicher sein, um verschrieben werden zu können, doch für gesunde Menschen, die sich »verbessern« möchten, sollten die Risiken inakzeptabel sein.[4]

Eine andere Art von mit dem »Enhancement« des Menschen verbundenen Risiken betrifft die individuellen Rechte und Freiheiten. Keine Form der Erweiterung sollte wie immer erzwungen werden dürfen, wie es bei eugenischen Zwangsmaßnahmen zu Beginn des 20. Jahrhunderts der Fall war. Für die Bioliberalen muss ein »Enhancement« stets frei gewählt sein. Reicht es aber, sich an den einen liberalen Grundsatz zu halten, dass etwas nicht schädlich sein darf, um diese Freiheit zu gewährleisten, wie es ein Großteil der Transhumanisten behauptet? Das Prinzip von John Stuart Mill, das etwas lediglich nicht schädlich sein darf, fordert, dass man jemanden gegen seinen Willen nur dann zu etwas zwingen darf, wenn dadurch verhindert wird, das jemandem Unrecht getan wird. Wenn also nach diesem Prinzip »die Verbesserung unseres Körpers niemandem wehtut (außer vielleicht uns selbst), wieso sollten wir dann daran gehindert werden können, sie vorzunehmen?«[5] Einige Bioliberale sind Vertreter dieser minimalistischen Ethik, die meisten halten sie aber nicht für hinreichend, um die Menschen vor allem vor einem kulturellen und / oder wirtschaftlichen Druck zu bewahren, der ihr Urteil und ihre Wahl beeinflussen könnte. Angesichts eines solchen Drucks plädieren sie, ist es nötig, Regeln aufzustellen und erzieherische Programme zu entwickeln, die die Einzelnen sensibilisieren und aufklären können. Eine solche Reglementierung wäre keineswegs eine Einschränkung der Freiheit, argumentieren diese Bioliberalen, sondern sie würde sie vielmehr garantieren: »Selbst die liberalste Demokratie erkennt heute die Bedeutung von Regulierungen als Mittel zur Stärkung unserer Freiheit an.«[6]

Ein letztes Risiko der Erweiterungstechnologien betrifft die Gleichheit und Gerechtigkeit. Eine Kritik, die regelmäßig gegen den Transhumanismus und von ihm vorangetriebene Projekte der Menschenerweiterung vorgebracht wird, besteht eben darin, dass diese die soziale Ungleichheit zu vergrößern drohen, da sie nur besonders wohlhabenden Menschen zugänglich sind, was einen Nachteil für diejenigen darstellt, die keinen Zugang dazu haben. Für die liberalen Bioethiker ist diese Befürchtung teilweise ungerechtfertigt. »Zunächst«, bemerkt der Philosoph Gilbert Hottois, »ist die Problematik keineswegs neu, denn wir haben ja bereits Ungleichheit.«[7] Die Praktiken des »Enhancement« des Menschen werden, fügt er hinzu, keine signifikative Veränderung herbeiführen im Vergleich zur bereits bestehenden unegalitären kulturellen Praxis: »Der Unterschied zwischen der Wahl der besten Schule und der Wahl der besten Gene ist begrenzt.«[8] Vor allem aber, führen die Vertreter des Bioliberalismus ins Feld, könnten die Technologien zum »Enhancement« des Menschen statt die Ungleichheit zu vertiefen dazu beitragen, sie zu reduzieren, indem sie gegen »die Ungleichheit und Ungerechtigkeit der Lotterie der Natur« wirken, »die die Kräfte und Talente nach dem Zufallsmodus verteilt.«[9] Wenn man sie nur sinnvoll reguliert, könnten sie genetisch weniger gut ausgestatteten Menschen gestatten, das, was ihnen fehlt »auszugleichen«.[10] So gesehen, bekräftigt der Forscher Alexandre Erler, »bedeutet, die Leistung verbessernde Eingriffe (im Sport oder auf anderen Gebieten) zu untersagen, nicht etwa die Chancengleichheit zu fördern, sondern die natürliche Hierarchie der Talente zu bewahren.«[11]

Es geht diesen Bioethikern also nicht vor allem darum, Technologien der Erweiterung des Menschen zu verbieten, sondern darum, sicherzustellen, dass sie so allgemein zugänglich wie möglich gemacht werden. Um dies zu erzielen, empfehlen sich mehrere Maßnahmen. Für Maxwell Mehlman wäre die erste Maßnahme die, den wirtschaftlichen Wettbewerb ins Spiel zu bringen, damit die Preise für die Technologien der Menschenverbesserung sinken, was zu ihrer Demokratisierung führen würde: »Die hohen Kosten dieser medizinischen Innovationen erklären sich vor allem dadurch, dass das Gesetz die Konkurrenz verhindert, die zum Sinken der Preise führen könnte.«[12] Sehr optimistisch versichert Alain Gallerand auch, dass »alle Innovationen zuerst einer Minderheit zugutekommen, bevor sie sich nach und nach demokratisieren und sich in der Bevölkerung ausbreiten.«[13] Doch auch andere Maßnahmen könnten ergriffen werden, etwa eine öffentliche Förderung der Erweiterung des Menschen:

> Die Verwirklichung der Beihilfen wäre verhältnismäßig einfach. Wenn das Land eines Tages ein staatlich subventioniertes System einer allgemeinen Krankenversicherung angenommen hat, könnten die Verbesserungen der Menschen in die für alle garantierten Grundleistungen aufgenommen werden.[14]

In diesem Punkt treffen sich die Bioliberalen mit den techno-progressiven Transhumanisten.

Denn schließlich, wenn wir den Transhumanismus und sein Projekt eines »Enhancement« des Menschen aus dem »pragmatischen« Blickwinkel der ethischen Fragen betrachten, erlauben die Gedanken des Bioliberalismus mit Sicherheit, die oft essentialistischen und katastrophistischen Positionen der Biokonservativen zurückzuweisen. Doch während letztere dazu neigen, die Debatte zu entpolitisieren, indem sie sie auf das philosophische und moralische Thema der Zukunft der menschlichen Natur reduzieren, stellt sich die Frage, ob nicht auch die Bioliberalen dazu beitragen, sie zu entpolitisieren, wenn es ihnen nur um ein technisches und ethisches Thema geht und gar nicht um die einzelnen Menschen und ihre Rechte. Welches Gesellschaftsmodell steht hinter dem Transhumanismus und seinen Idealen? Wie gut lässt er sich begründen und wie steht es um die sozialen, politischen und ökologischen Auswirkungen dessen, was er anstrebt? An dieser Stelle muss man feststellen, dass die bioliberalen Positionen eher »Instrumente für das Risikomanagement«[15] sind als Werkzeuge einer wirklich kritischen Reflexion. Sie sind durchaus nicht neutral, sondern erweisen sich als das, was der Philosoph Mark Hunyadi die »kleine Ethik«[16] nennt. Indem sie die technisch-wissenschaftlichen und biomedizinischen Entwicklungen, die sie als unvermeidlich darstellen, begleiten und legitimieren, tragen sie vor allem dazu bei, die soziale Akzeptanz des Transhumanismus und seiner Ideen zur Erweiterung des Menschen zu vergrößern, statt sie politisch infrage zu stellen.

5. KAPITEL

Der Transhumanismus, eine politische, soziale und ökologische Herausforderung

Die Diskussion über den Transhumanismus und einen durch Technik und Wissenschaft erweiterten Menschen, der lange Zeit von dem Gegensatz zwischen Biokonservativen und Bioliberalen geprägt war, ist inzwischen durch die kritischen Beiträge aus den unterschiedlichen Sozialwissenschaften bereichert worden. Etwa aus der kritischen Soziologie, aus Studien zu Wissenschaft und Technik, aus der politischen Philosophie sowie aus der politischen Ökologie und dem Ökofeminismus. Diese Arbeiten fordern dazu auf, ebenso die moralische und essentialistische Verdammung einmal beiseitezulassen wie die entpolitisierten bioethischen Debatten über Risiken und Nutzen der Erweiterung des Menschen. Für die Autorinnen und Autoren aus diesen unterschiedlichen Forschungsfeldern ist die zentrale Frage nicht die, ob der Transhumanismus die Grenzen der menschlichen Natur überschreitet oder nicht, und auch nicht die, ob man ihn verdammen oder stattdessen bloß regulieren soll. Diese Debatte gilt hier als steril, weil sie den Blick bloß von der sozialen, politischen und ökologischen Dimension ablenkt und damit von etwas wichtigerem, das beim Transhumanismus und seinem Wunsch, den Menschen und seine Fähigkeiten zu erweitern, auf dem Spiel steht. Für sie geht es um die politische Beziehung zur Welt, die die Bewegung vorantreibt, um das kapitalistische Gesellschaftsmodell, dessen Teil der Transhumanismus ist und das er mit seinen Thesen zu legitimieren hilft, und ebenso um seine ökologischen Implikationen, die ganz besonderer Aufmerksamkeit bedürfen.

I. Der Transhumanismus oder die Entleerung des Politischen

Der Transhumanismus ist keineswegs nur ein technisch-wissenschaftliches Projekt. Mit seinen Versprechungen, seinen Aktionen und den Lösungen, die er verheißt, steht er für eine bestimmte Beziehung zur Welt, zur Gesellschaft, der *polis*, und damit zur Politik. Anders ausgedrückt: Sein Projekt, den Menschen aus seinen biologischen Grenzen zu befreien, ist ebenso technisch-wissenschaftlich wie politisch. Es beruht auf einem besonderen Menschenbild und setzt eine Auffassung der Gesellschaft und der sozialen Beziehungen voraus, die keineswegs neutral ist. Für eine Reihe von Autoren geht es vor allem darum, diese politische Dimension der Bewegung zu hinterfragen[1], und nicht die ethischen, moralischen oder religiösen Aspekte in den Mittelpunkt zu stellen. Aus diesem Blickwinkel betrachtet, erweist sich der Transhumanismus als problematisch, weil er charakteristischerweise ein unpolitisches und entpolitisierendes Verhältnis zur Welt verbreitet. Da der Transhumanismus und seine Ideen mehr um die Veränderung des einzelnen Menschen kreisen als um unsere sozialen Lebensbedingungen, geht es ihm nicht darum, die Welt politisch zu ändern, sondern den Menschen mit technischen Mitteln an diese Welt anzupassen.[2] Für ihn ist es stets der biologisch unvollkommene und unangepasste Mensch, der das Problem darstellt, niemals aber die soziale und politische Verfassung unserer Welt. In diesem Sinne kann man der Auffassung sein, dass der Transhumanismus sich durch eine Entleerung des Politischen im eigentlichen Wortsinn auszeichnet. So betont der Philosoph Michael Sandel:

> Unsere Natur zu verändern, um uns an die Welt anzupassen, statt das Gegenteil zu tun, stellt die äußerste Form von Entpolitisierung dar. Sie lenkt unser kritisches Denken von der Welt ab und behindert jede Bemühung um einen sozialen und politischen Wandel.[3]

Dass die kollektive Fähigkeit, die Verfassung der Gesellschaft, wie sie gerade ist, infrage stellen zu können, die dem Ideal der Demokratie zugrundeliegt, ihrerseits infrage gestellt wird[4], beschränkt sich keineswegs nur auf den libertären Flügel der Bewegung. Er betrifft vielleicht noch mehr die Anhänger eines technisch-progressiven Transhumanismus. Indem diese stets auf »psycho-bio-evolutionäre« Erklärungen zurückgreifen, tragen diese in der Tat dazu bei, alle möglichen sozialen Probleme unserer Zeit zu »natürlichen« zu machen, indem sie ihre sozialen und politischen Ursachen beiseitelassen und zu ihrer Lösung technisch-wissenschaftliche und biomedizinische Verfahren bevorzugen. Die techno-progressive Forderung nach einer moralischen Erweiterung (*moral enhancement*) des Menschen mit biotechnologischen Mitteln[5], wie sie im 3. Kapitel beschrieben wurde, ist die perfekte Illustration dazu. Von ihren Verfechtern oft als Symbol eines besonders verantwortungsvollen und progressiven Transhumanismus hochgehalten, ist diese Forderung im Gegenteil recht enthüllend für die typischerweise auf technische Lösungen setzende und entpolitisierende Weise, mit der die Transhumanisten auf eine Reihe der gesellschaftlichen Probleme von heute reagieren.

Die wichtigsten Vertreter dieser Forderung, die Wissenschaftler Ingmar Persson und Julian Savulescu, begründen in der Tat die Notwendigkeit, den moralischen Sinn der Menschen technologisch zu verbessern, damit, dass dieser völlig veraltet und ungeeignet sei, auf die globalen Risiken, denen die Menschheit ausgesetzt ist, angemessen zu reagieren. Die Überzeugung, auf der diese Gedanken beruhen, ist, anders gesagt, die, dass es sich beim Anstieg von Gewalt und bei den großen technologischen und ökologischen Risiken unserer Zeit weniger um politische Probleme handelt, die gesellschaftliche und politische Antworten verlangen, sondern um psychobiologische Probleme, die technisch-wissenschaftlich gelöst werden müssen:

> Während die Menschen für die längste Zeit, seit es die Spezies Mensch gibt, psychologisch und moralisch dazu ausgestattet waren, in ihrem natürlichen Umfeld zu überleben, haben sie heute ihre Lebensumstände so radikal verändert, dass sie vielleicht nicht mehr so gut an diese neuen Existenzbedingungen angepasst sind. [...] Wenn die Menschen sich nicht besser psychologisch und moralisch an diese neuen Umstände anpassen, könnte die menschliche Zivilisation bedroht sein.[6]

Für Persson und Savulescu soll also nicht die soziale, politische und technologische Entwicklung der industriekapitalistischen Gesellschaften infrage gestellt werden, sondern der Mensch und seine moralische Ausstattung, die sie für archaisch halten. In dieser Perspektive nützt es nichts, die Welt, deren Kurs scheinbar naturgegeben ist, politisch zu verändern; sinnvoll ist allein, zu biotechnologischen Mitteln zu greifen, um die Menschen besser an die äußeren Umstände anzupassen.

Dieselbe Entpolitisierung begegnet uns hinsichtlich der feministischen Frage nach den Beziehungen der Geschlechter. In einem Artikel mit dem vielsagenden Titel »Postgenderismus: jenseits der Binarität der Geschlechter« vertreten die transhumanistischen Forscher George Dvorsky und James Hughes die Idee, die biologischen Geschlechtsunterschiede abzuschaffen, um mit jeglicher Art geschlechtsverbundener Ungleichheit und Diskriminierung aufzuräumen:

> Die Postgenderisten sind der Meinung, dass das Geschlecht auf willkürliche und unnütze Weise die Möglichkeiten des Menschen beschneidet, und treten für die Beseitigung der unfreiwilligen biologischen und psychologischen Zuschreibungen mithilfe der Neurotechnologie, der Biotechnologie und der Reproduktionstechnologie ein.[7]

Diese transhumanistische Idee ist in Wahrheit, wie die Feministin Julie Abbou betont, alles andere als subversiv und emanzipatorisch, sondern das Ergebnis einer tiefgreifenden Essentialisierung und Entpolitisierung des Problems: »Die Rede davon, ›das biologische Geschlecht hinter sich zu lassen‹ beruht keineswegs auf einem veränderten Blick, sondern auf einem naturalisierten / mechanisierten Verständnis dessen, was ein Mensch ist.«[8] Wie sie weiter erläutert, ist für die Transhumanisten »die Binarität der Geschlechter keine soziale Konstruktion, über die man diskutieren muss, sondern eine materielle Sache, die man hinter sich lassen kann. Diese Denkweise impliziert, dass es eine natürliche Ordnung gebe.«[9] Anders gesagt: Indem sie die soziale Realität des Geschlechts mit dem natürlichen Geschlecht gleichsetzen, reduzieren die Postgender-Aktivisten die Geschlechtsproblematik auf ein Problem der menschlichen Natur und entpolitisieren sie, indem sie die Machtverhältnisse und damit zusammenhängende Diskriminierung ausblenden. Deshalb sollen biomedizinische und technisch-wissenschaftliche Lösungen eine wirkliche politische Infragestellung der patriarchalen Ordnung und der aus ihr erwachsenden Ungleichheit ersetzen.[10]

Die Biologisierung und dadurch Entpolitisierung der sozialen Probleme durch die Transhumanisten – sie zeigt sich auch bei ökologischen Fragen, wir werden später darauf zurückkommen – betrifft ebenfalls das öffentliche Gesundheitswesen. Für die transhumanistischen Autoren James Hughes und Ray Kurzweil ist es unumgänglich, sich mit größeren chronischen Gesundheitsproblemen zu befassen – die sind in den westlichen Industriegesellschaften vor allem Übergewicht und Diabetes –, aber sie bringen evolutionistische Erklärungen für diese Probleme vor, die wieder einmal sorgfältig die sozialen, politischen und umweltpolitischen Faktoren verschleiern, die gleichwohl entscheidend für sie sind. So ist es für Kurzweil der Stoffwechsel des Menschen, der für ihn archaisch und in letzter Instanz verantwortlich für die Schwierigkeiten ist:

> Insbesondere unser Verdauungssystem ist für eine radikal andere Umwelt als unsere heutige gemacht worden. Für die meisten unserer Vorfahren war die Wahrscheinlichkeit, aus Ernte und Jagd mehr als magere Nahrungsressourcen zu erlangen, nur gering. Es war also logisch, dass unser Körper jede kleine Kalorie speicherte. Heute ist diese Funktion kontraproduktiv. Dass unser Stoffwechselprogramm veraltet ist, liegt der heutigen Epidemie von Übergewichtigkeit zugrunde und führt auch zu zahlreichen degenerativen Erkrankungen wie denen der Herzkranzgefäße oder zu Diabetes Typ 2.[11]

Hughes liefert in seinem Buch *Citizen Cyborg* eine ganz ähnliche Erklärung: »Die hauptsächliche Ursache für Übergewichtigkeit ist die, dass unser Körper dazu gemacht ist, täglich stundenlang durch die Savanne zu streifen, und dass wir ein Gehirn haben, das einem leichten Zugriff auf Fett, Zucker und Kohlehydrate nicht widerstehen kann.«[12] Weil das Problem biologisch ist, kann auch seine Lösung nur biotechnologisch sein. Für Kurzweil ist es der gesamte menschliche Körper, der technisch-wissenschaftlich überarbeitet werden muss, damit er an die Anforderungen der modernen Welt angepasst ist. Hughes betont wieder im selben Sinne: »Nur sichere und preiswerte Gentherapien und pharmazeutische Behandlungen können erfolgreich die weltweite Zunahme von Übergewichtigkeit stoppen.«[13] Das heißt mit anderen Worten: Es ist ausgeschlossen, das kapitalistische industrielle und konsumeristische Modell politisch infrage zu stellen. Es gibt nur die entpolitisierte Perspektive der Anpassung an dieses System durch die Veränderung des Menschen selbst.

II. Der erweiterte Mensch – das höchste Stadium des (Bio-)Kapitalismus?

Es ist wichtig, über den Transhumanismus hinsichtlich des Inhalts und der politischen Wirkung seiner Thesen nachzudenken, aber ebenso wichtig ist es, ihn in den allgemeinen gesellschaftlichen Rahmen einzuordnen, der ihm zugrundeliegt und ihn ermöglicht. Im Gegensatz zu manchen ethischen und philosophischen Debatten, die das Phänomen unabhängig von seinem gesellschaftlichen Kontext betrachten, finden eine Reihe von soziologischen und politisch-philosophischen Arbeiten es wichtig, die Bewegung und die von ihr vertretene Ideologie des erweiterten Menschen in das Modell der kapitalistischen Gesellschaft einzuordnen. Den Transhumanismus als ein kapitalistisches Phänomen zu begreifen, bedeutet nicht nur, die Aufmerksamkeit auf wirtschaftliche Interessen und auf die Nähe zu lenken, die die Transhumanisten in unterschiedlichem Maße zum industriellen Milieu der GAFAM pflegen.[1] Grundsätzlicher geht es darum deutlich zu machen, auf welch enge Weise die Ideologie des Transhumanismus mit der Dynamik des Kapitalismus als Macht der unbegrenzten Aneignung und Ausbeutung des Lebens und der Lebenden zusammenhängt. Der entpolitisierte Auftrag, dass wir uns an diese Gesellschaftsordnung durch die Optimierung unserer gesamten physischen und psychischen Kräfte mithilfe von Technik und Wissenschaft anzupassen haben, passt vollkommen zur Herrschaft über die Körper und das Leben, der zum neuen biopolitischen Geist des Kapitalismus gehört.[2]

In ihrem Buch mit dem Titel »*Il faut s'adapter*« (Wir müssen uns anpassen) zeigt die Philosophin Barbara Stiegler entsprechend, wie sehr die Aufforderung zu Anpassung, die zum Kern des Transhumanismus gehört, in der Weltsicht des Neoliberalismus verankert ist.[3] Stiegler geht von den Schriften Walter Lippmanns aus, eines der wichtigsten Architekten dieser »neuen Vernunft in der Welt«[4] und erinnert daran, dass das neoliberale Denken einen Bruch mit dem Dogma des klassischen Liberalismus und auch des Sozialdarwinismus eines Herbert Spencer bedeutet. Denn anders als diese ist Lippmann der Meinung »dass die industrielle Revolution eine noch nie dagewesene schwierige Situation geschaffen hat: Unsere Spezies, die nicht mit den psychischen, kognitiven und affektiven Fähigkeiten ausgestattet ist, um mit den Erfordernissen der Globalisierung zurechtzukommen, vermag sich nicht an die neue Umgebung anzupassen, die sie selbst geschaffen hat.«[5] Und da die Menschen nicht fähig sind, sich von selbst an ihre neue Umgebung anzupassen, in Hinblick auf die sie »defizient« sind, kann es für Lippmann nicht mehr darum gehen, die angeblich natürlichen Gesetze des Marktes spielen zu lassen; vielmehr müssen diese aktiv durchgesetzt werden, indem die Menschen dazu gebracht werden, sich selbst zu verändern, damit sie richtig funktionieren. Es geht darum, »vom

Staat bis zum intimsten Subjektiven«[6] »alle Aspekte des Menschenlebens in ökonomischen Termini neu auszubuchstabieren.«[7] Auch wenn das Rechts- und das Bildungswesen für Lippmann die zentralen Pfeiler dieser Umerziehung der Menschheit sind, hält er es für ebenso unverzichtbar, die Natur des Menschen zu ändern: »Die Wirtschaft verlangt nicht allein, dass die Ausstattung des Menschengeschlechts, die Ausstattung der Menschen für das Leben, auf einem minimalen Niveau von Effizienz gehalten werden muss, sondern auch, dass diese Qualität immer weiter verbessert wird.«[8]

Der Ehrgeiz, die menschliche Spezies neu zu formen, um sie an die neue Welt des Kapitalismus anzupassen, mündet in der Mitte des 20. Jahrhunderts in einer tiefgreifenden Rekonfiguration der kulturellen und biopolitischen Landschaft der westlichen kapitalistischen Gesellschaften. In Übereinstimmung mit den Ideen des Neoliberalismus beginnt ein »neues biopolitisches Zeitalter«, in dessen Mittelpunkt die maximale Verlängerung des Lebens und die Maximierung der produktiven Fähigkeiten stehen. So betont der Soziologe Nikolas Rose in einer Fortführung der Arbeiten von Michel Foucault:

> Die Lebenspolitik unseres Jahrhunderts [...] ist weder von den Polen der Krankheit oder des Todes bestimmt und kreist auch nicht um die Beseitigung der Krankheiten zum Schutz der Bevölkerung. Sie interessiert sich vielmehr für unsere wachsenden Fähigkeiten, die lebendigen Kräfte der Menschen als Lebewesen zu kontrollieren, zu führen, zu organisieren, neu zu formen und anzupassen.[9]

Dank den großen technisch-wissenschaftlichen und biomedizinischen Errungenschaften des späten 20. Jahrhunderts werden der Körper und sämtliche Fähigkeiten des Menschen nicht länger als das natürliche Ensemble angesehen, das man bis dahin nur drängen und disziplinieren, keinesfalls aber neu formen und optimieren konnte. Von nun an aber, betont Rose, »können anscheinend alle Fähigkeiten des menschlichen Körpers oder Geistes – Kraft, Ausdauer, Aufmerksamkeit, Intelligenz und sogar die Lebensdauer selbst – durch technologische Intervention verbessert werden.«[10] Nach dem Modell des Cyborg erscheint der bescheidene menschliche Körper nun als Gebiet einer vielfachen Optimierung.

Außer mit dem biotechnologischen Versprechen auf einen grenzenlosen Körper ist das neoliberale biopolitische Modell auch dadurch charakterisiert, dass es die Beziehung des Individuums *zu sich selbst* und seinem eigenen Leben in den Mittelpunkt stellt. Im Unterschied zum politischen Ideal der Aufklärung wird im Laufe des 20. Jahrhunderts zunehmend das Streben nach persönlicher Gesundheit und das Streben nach Verbesserung der eigenen Leistungen zum kollektiven Emanzipationsziel, wie Rose zeigt. Anders gesagt: Das liberale Gesellschaftsmodell und sein Projekt der durchgängigen Ökonomisierung des Lebens sind untrennbar mit dem Aufkommen einer Art »Biostaatsbürgerschaft« verbunden, für die es nicht mehr so sehr darauf ankommt, sich in der Sphäre der politischen Aktion zu engagieren, um die sozialen Lebensverhältnisse zu verändern, sondern darauf, in sich selbst und in sein »biologisches Kapital« zu investieren.[11] Der Unternehmer seiner selbst zu werden und zu lernen, seinen Körper, seine Gesundheit und die Gesamtheit seiner intellektuellen und physischen Leistungen als zu maximierendes Kapital zu betrachten – das ist der Kern der Biopolitik des neuen liberalen biopolitischen Zeitalters. Dabei gewinnt eine ganze Kultur der Erweiterung und Optimierung des Selbst an Bedeutung, die sich heute über alle Gebiete unseres Lebens erstreckt. So betonen die Soziologen Sébastien Dalgalarrondo und Tristan Fournier:

> Das Versprechen der Selbstoptimierung hat unseren Alltag kolonisiert. Alle Einzelnen sind nun gehalten, ihren Körper, ihre Ernährung, ihre Sexualität, ihren Schlaf, ihre physiologischen und kognitiven Leistungen, ihr biologisches und soziales Leben zu optimieren.[12]

In anderen Worten: Der erweiterte Mensch, der für seine Entscheidungen verantwortlich ist und unentwegt am Wachsen seines biologischen Potentials arbeitet, ist das vollendete Modell der biopolitischen Organisation des Einzelnen im neoliberalen Zeitalter. Mit ihren Forderungen, namentlich der auf Anerkennung einer »morphologischen Freiheit« als Grundrecht, stellt die transhumanistische Bewegung eine der wichtigsten Kräfte innerhalb dieser neoliberalen Biostaatsbürgerschaft und dieser Übertragung des Modells des *homo oeconomicus* auf alle menschlichen Lebensbereiche dar. Der transhumanistische Philosoph Andy Miah ist sicher das beste Beispiel für dieses Zusammenfließen von transhumanistischer Ideologie und Biokapitalismus.[13] Wenn der Transhumanismus im Übrigen als ideologischer Überbau des Biokapitalismus betrachtet werden kann, so liegt das auch daran, dass er dazu beiträgt, die Formen von Ausbeutung unsichtbar zu machen, die ihm zugrunde liegen. »Was man Transhumanismus nennt, ist für mich keine Zukunftsaussicht, die wahr werden könnte oder auch nicht, sondern der Extremfall von etwas, was längst im Gange ist«[14], hebt Céline Lafontaine hervor. In ihren Forschungen zeigt die Soziologin auch, wie viele der Versprechungen auf ein ewiges Leben und einen erweiterten Körper auf der intensiven Ausbeutung des Lebens und seines produktiven und reproduktiven Potentials beruhen. Als Mittelpunkt einer riesigen kapitalistischen »Biowirtschaft« ist der Körper, vor allem der von Frauen, mit seinen unterschiedlichen Komponenten (Organe, Gewebe, Zellen, Keimzellen) als Ware Gegenstand eines intensiven Handels.[15] Der Transhumanismus, in dessen Mittelpunkt die idealisierte Figur eines von jeglicher biologischer Zwangsläufigkeit emanzipierten Menschen steht, versteckt diese Wirklichkeit der kapitalistischen und patriarchalen[16] »Bio-Ausbeutung«, die gleichwohl bei all seinen Versprechungen vorausgesetzt ist.

Die transhumanistische Ideologie verschleiert auch die immer deutlichere kapitalistische Ausbeutung der Arbeit, wie sie durch den technisch-wissenschaftlichen und biomedizinischen Fortschritt möglich geworden ist. Dies unterstreicht sehr deutlich der 2012 veröffentlichte Bericht der britischen Akademie für Medizin »über den erweiterten Menschen und die Zukunft der Arbeit«:

> Die auf einer Reihe von Gebieten der Wissenschaft und des Ingenieurswesens wie den Neurowissenschaften, der

regenerativen Medizin und der Bionik erzielten Fortschritte erhöhen bereits – oder könnten sie im Laufe des kommenden Jahrzehnts erhöhen – die physischen und kognitiven Fähigkeiten der Individuen am Arbeitsplatz, sodass sie die allgemeine »Norm« übertreffen.[17]

Tatsächlich sind zahlreiche Praktiken einer Erweiterung, eines »Enhancement«, des Menschen bereits seit einigen Jahren dabei, sich relativ geräuschlos am Arbeitsplatz und im alltäglichen Leben zu verbreiten. Paradigmatisch steht dafür die Nutzung von Medikamenten wie Psychostimulantien zu nichtmedizinischen Zwecken im Studierendenmilieu und in einer Reihe von Berufen, um die intellektuellen Fähigkeiten zu verbessern (insbesondere die Aufmerksamkeit, die Wachsamkeit und die Konzentration) und so den Anforderungen zu entsprechen.[18] Hinter dem transhumanistischen Schaubild des erweiterten Menschen wird die soziale Realität eines immer weiter dem kapitalistischen Produktionsmodell unterworfenen Menschen erkennbar[19], der in biomedizinischen Hilfsmitteln ein Mittel findet, immer weiter intensivierte Arbeitsumstände auszuhalten. So schreibt Jonathan Crary:

> 24 Stunden täglich an 7 Tagen die Woche aktive Märkte, globale Infrastrukturen, die es erlauben, ununterbrochen zu arbeiten und zu konsumieren – das gab es gestern noch nicht; doch gegenwärtig ist es das menschliche Subjekt selbst, das immer intensiver an diese Imperative angepasst werden soll.[20]

Die Technologien der Erweiterung der menschlichen Fähigkeiten sind weit davon entfernt, Arbeit weniger intensiv zu machen; stattdessen sorgen sie dafür, dass Über-Arbeit beinahe zum Normalfall wird. So betrachtet ist es vielleicht weniger die Möglichkeit, sich selbst zu erweitern als stattdessen, die, sich nicht erweitern zu müssen, die zum neuen Klassenprivileg werden könnte: auf der einen Seite die Vermögenderen, die die beschleunigten Rhythmen des Kapitalismus nicht erdulden müssen und sich nicht zu erweitern brauchen; auf der anderen diejenigen, die Mehrzahl, die sie ganz und gar abbekommen, und für die die Erweiterung beinahe eine Überlebensnotwendigkeit ist.

III. Der Transhumanismus oder das andere Gesicht der ökologischen Krise

Der Transhumanismus wird ebenso für sein entpolitisierendes und zur Anpassung drängendes Verhältnis zur gesellschaftlichen Realität kritisiert wie für seine Nähe zum kapitalistischen Gesellschaftsmodell und den vielfältigen Formen der Aneignung und Ausbeutung des menschlichen Körpers, die ihm zugrunde liegen. Aber er wird auch immer wieder wegen seiner ökologischen Implikationen infrage gestellt. Wenn für eine Reihe von Autoren die transhumanistische Ideologie in Hinsicht auf die Ökologie problematisch ist, dann deshalb, weil sie sich auf eine tiefreichende Abwertung der Natur und der Welt des Lebendigen stützt und diese propagiert, aus der ein ganz fleischloses Bild des Menschen und ganz allgemein der Emanzipation des Menschen folgt. Eine solche Auffassung des Menschen als eines naturfeindlichen Wesens ist nicht nur unvereinbar mit der ökologischen

Forderung, eine andere Beziehung zu Natur und zum Leben zu finden und dabei auch zu beachten, welche Grenzen gewahrt werden müssen.[1] Es fordert auch eine prometheische und nur auf technische Lösungen setzende Antwort auf die ökologische Krise, in der es vor allem darum geht, die Menschen mit Ingenieursmaßnahmen zu verändern, statt unser System politisch infrage zu stellen.

Indem er die angebliche Wissenschaft der Moderne und den kybernetischen Ersatz eines ontologisch defizienten Menschen radikalisiert, betreibt der Transhumanismus in der Tat die Abwertung der Natur im Allgemeinen und des menschlichen Körpers im Besonderen. Das gesamte transhumanistische Denken beruht, um es deutlich zu sagen, auf einer »extraterrestrischen« Auffassung vom Menschen, in der unsere Grenzen, unsere Materialität, unsere Körperlichkeit, unsere Gebrechlichkeit, unsere Verwundbarkeit, unsere Endlichkeit, schließlich alles, was die Zugehörigkeit des Menschen zur Lebenswelt ausmacht, als etwas negatives, als Hindernis betrachtet wird, das für die wirkliche Emanzipation des Menschen beseitigt werden muss. Für die Transhumanisten besteht die menschliche Emanzipation vor allem in der »Befreiung«[2] mithilfe von Technik und Wissenschaft von der schweren Bürde, die uns die Erde, der Körper und der Tod auferlegen.[3] Der Transhumanismus ist der extreme und umfassendste und besonders illusorische Ausdruck des modernen Phantasmas einer Befreiung – ob es sich nun darum handelt, sich durch den technischen Fortschritt von der Arbeit zu befreien[4] oder von den biologischen Grenzen unseres Körpers und unserer Psyche, von Altern und Tod oder auch von unserer »Erdverhaftetheit« (hier liegt der Ursprung der Cyborg-Ideen).

Wie zahlreiche technikkritische Denker gezeigt haben, führt eine solch techno-wissenschaftliche Auffassung der menschlichen Emanzipation keineswegs zu einer größeren Autonomie,[5] sondern erweist sich auch als das glatte Gegenteil der ökologischen Forderung, unser aus der Neuzeit ererbtes Verhältnis zur Natur und zum Leben grundsätzlich zu ändern. Sie hält an der Vorstellung eines von der Natur getrennten Menschlichen und an der von der Natur als einer »toten Maschine«[6] fest, einer Vorstellung, die doch gerade die heutige globale ökologische Krise verursacht hat. In der Tat geht der heutige tiefgreifende ökologische Wandel auf diesen großen Anteil des Erbes der Moderne zurück, auf die wissenschaftliche Idee, dass wir uns endgültig von der Welt des Lebendigen lossagen könnten:

> Wenn wir in einer dramatischen Situation leben, liegt das […] nicht daran, dass wir uns von der Natur »getrennt« haben […], sondern genauer gesagt daran, dass wir die Illusion genährt haben und immer noch nähren, dass wir uns ohne die Natur denken können. Wenn der Schlaf der Vernunft Monster gebiert, dann produziert das Phantasma einer Menschheit außerhalb der Natur den Albtraum der ökologischen Krise, der gewissermaßen die Wiederkehr des von der Moderne Verbannten ist, die schmerzliche Erinnerung daran, dass unser Schicksal und das der Erde untrennbar verbunden sind.[7]

Die ökologische Krise betrifft nicht nur eine Umwelt außerhalb unserer selbst, sondern betrifft auch unsere sämtlichen konkreten materiellen Lebensverhältnisse, was sich ebenso in der Erschöpfung der Ökosysteme wie auch in der unserer Psyche[8] äußert und in der Verschlechterung unseres körperlichen Zustands und unserer Gesundheit. Die Auffassung der Transhumanisten vom Menschen, in der es regelrecht darum geht zu leugnen, dass wir irdische Wesen sind, trägt aktiv zu der allgemeinen Krise des Lebens bei, die das Anthropozän charakterisiert.[9]

Im übrigen führen die Vorstellung vom Menschen als einem außerirdischen Wesen und die von den Transhumanisten propagierte Art der menschlichen Emanzipation zu technozentrischen prometheischen Vorstellungen von Ingenieuren, die in Hinblick auf die Ökologie extrem problematisch sind.[10] In einem Aufsatz mit dem Titel »Human Engineering and Climate Change« schlagen die transhumanistischen Forscher Matthew Liao, Anders Sandberg, Rebecca Roache so nichts weniger als die technische Behandlung der Menschheit vor, um zum Kampf gegen den Klimawandel beizutragen:

> In diesem Artikel erkunden wir einen neuen Typ der Lösung des Problems des Klimawandels. Wir nennen diese Art der Lösung Human Engineering. Das umfasst die biomedizinische Veränderung der Menschen, um ihren Einfluss auf den Klimawandel zu verringern.[11]

Zu diesen Änderungen zählen die Autoren ebenso die Nutzung von Pharmaka, um künstlich eine Fleischintoleranz hervorzurufen als auch die gentechnische Reduzierung der Größe der Menschen, um ihren ökologischen Fußabdruck zu verringern: »Ein anderes frappierendes Beispiel für *Human Engineering* ist die Möglichkeit, die Menschen zu verkleinern. Der ökologische Fußabdruck des Menschen korreliert teilweise mit unserer Größe.«[12]

Auch wenn die Idee, den Menschen technisch umzubauen, um dem Klimawandel zu begegnen, ziemlich abwegig erscheint, steht sie keineswegs isoliert da. Symptomatisch ist dafür, dass die französischen Techno-Progressiven ihr ökologisches Manifest mit folgender ganz westlicher Versicherung beginnen, die viel verrät: »Homo sapiens bewegt sich seit etwa 300 000 Jahren auf der Erde. Wahrscheinlich hat er schon immer davon geträumt, die Natur zu ›beherrschen‹«.[13] Offenbar ist es für die französischen Anhänger des Transhumanismus nötig, die Evolution des Menschen technisch-wissenschaftlich in Anspruch zu nehmen, um die Zukunft der Spezies Mensch garantieren zu können: »Wir müssen uns klarmachen, dass wir nur dadurch die Evolution unserer Spezies dauerhaft machen können, wenn wir sie willentlich und verantwortungsvoll in unsere Hand nehmen.[14] Neben einer Verminderung der Bevölkerungszahl schlagen Didier Coeurnelle und Marc Roux technologische Eingriffe vor, etwa mit dem Ziel, die sogenannten konsumeristischen psychischen Dispositionen der Menschen zu neutralisieren:

> Eine der Hoffnungen ist, dass unsere Fähigkeiten, das Gehirn zu beeinflussen, uns eines Tages erlauben werden, dass wir – ein jeder völlig frei und bewusst – unser Niveau der moralischen Sensibilität regulieren können. Dabei könnte es zum Beispiel darum gehen, das Bedürfnis nach materieller Sicherheit, das Reflexe des Konsums

und des Sammelns auslösen kann, zu senken. Dem Ziel der Mäßigkeit, das die Gegner des Wachstums vertreten, kann man näherkommen, wenn man tiefsitzende Neigungen der menschlichen Psyche modifiziert.[15]

Es werden aber auch noch tiefergehende Veränderungen des menschlichen Körpers angestrebt, um den Menschen weniger umweltschädlich zu machen: »Die Idee, dass zunehmende Änderungen der menschlichen Biologie dazu führen könnten, einen energieeffizienteren Körper zu haben, der weniger Wasser oder Kalorien verbraucht, ist noch sehr spekulativ, doch sie könnte eines Tages verwirklicht werden.«[16]

Zusammen mit Strömungen wie dem Ökomodernismus[17] propagiert der Transhumanismus so eine besonders szientistische und entpolitisierte Betrachtung der heutigen Umweltkrise:

> In mancher Hinsicht kann man den Transhumanismus als das unsere Beziehung zum Körper betreffende Pendant zu dem ansehen, was die Geo-Ingenieurswissenschaft für unser Verhältnis zur Natur ist […]. Es ist kein Zufall, dass beide Phänomene, Geoengeneering und Transhumanismus in dieselbe Zeit fallen: Es handelt sich um dasselbe Projekt der Zivilisation.[18]

Das Geoengeneering des Planeten und das Bioengeneering des menschlichen Körpers sind in der Tat die beiden Seiten ein und derselben prometheischen Vorstellung von Mensch und Welt, die unsere Fähigkeiten feiert, das Leben immer weiter zu beherrschen und zu kontrollieren[19] – statt sich um die Fragilität unserer Existenzen zu kümmern und sich die materiellen Bedingungen unserer Existenz wieder anzueignen, wie es die politische Ökologie und der Ökofeminismus[20] tun. Die Ideen des Transhumanismus konzentrieren sich auf technisch-wissenschaftlich und biotechnologische Lösungen, die niemals die sozialen und politischen Ursachen der ökologischen Krise angreifen, sondern immer nur – nach einer Logik des *problem solving* –, ihre Folgen. Sie führen zu einer regelrechten Flucht nach vorn mit technischen Lösungen, die von der Dringlichkeit ablenken, das industriekapitalistische Gesellschaftmodell infrage zu stellen.

Fazit

Der Transhumanismus fasziniert. Fast kein Tag vergeht ohne einen Artikel in der Presse, der von seinen phantastischen Versprechungen berichtet, ob es sich nun darum handelt, die Grenzen unseres Körpers zu erweitern oder die unseres Geistes, indem er mit der Maschine fusioniert wird, oder ob es darum geht, dass wir uns dank dem biomedizinischen Fortschritt vom Altern und dem Tod befreien, um ewig zu leben. Gewiss, die Macht dieser intellektuellen Strömung, die am Ende der 1980er Jahre in den Vereinigten Staaten entstanden ist, und seitdem international ausstrahlt, beruht weniger auf der Zahl ihrer Anhänger als an der Macht der Worte und Bilder: Von einem »erweiterten Menschen«, der von seiner Todgeweihtheit und allen biologischen Zwängen, denen er ausgesetzt war, befreit ist. Unterstützt von großen Unternehmen und wichtigen Figuren in den Medien, entwickelt der Transhumanismus eine regelrechte »Ökonomie der Versprechungen«, die von immer spektakuläreren Ankündigungen und kolossalen Investitionen genährt wird. Versprechungen, für die die Medien und die Kulturindustrie als große Echokammern dienen und so zur immer weiteren Verbreitung und Popularisierung seiner Thesen beitragen.

Angesichts der Debatten, die sich allzu oft auf seine besonders sensationellen Aspekte und seine besonders spekulativen Dimensionen konzentrieren, die die Zukunft der menschlichen Natur betreffen, ist es wichtig, den Transhumanismus in seinem gesellschaftlichen und politischen Kontext zu betrachten, um kritisch herauszuarbeiten, worum es bei ihm eigentlich geht. Der Transhumanismus schöpft aus der neuzeitlichen Vorstellungswelt der Herrschaft über die Natur, die er aus dem Humanismus der Aufklärung übernommen hat, wobei er allerdings das politische Versprechen, das sein Kern war, umkehrt, indem er ein Bild des Menschen und der Welt vertritt, in dessen Zentrum die *Anpassung* steht. Den Menschen, den das kybernetische Modell als ein unvollkommenes und defizientes Wesen begreift, durch die Optimierung seines Körpers und die Beseitigung aller seiner natürlichen Grenzen, insbesondere die des Todes, an die gegebene Welt anzupassen, ist das Leitmotiv der Bewegung von seinen Vorläufern und Begründern bis zu seinen heute wichtigsten Vertretern. Darin ist der Transhumanismus eng mit dem Modell der kapitalistischen Gesellschaft verbunden, die im Kern auf der grenzenlosen technisch-wissenschaftlichen Aneignung und Ausbeutung des Lebens und des Lebendigen gründet. Damit passt er hervorragend zu den biopolitischen Ansichten der Neoliberalen, insofern, als er dazu beiträgt, die soziale Wirklichkeit mit seinen blendenden Versprechungen zu verschleiern. Denn die Wirklichkeit des erweiterten Menschen ist das Gegenteil einer von jeglichem biologischen Determinismus befreiten Persönlichkeit. Sie ist eher die eines immer mehr Medizin einnehmenden und technisch unterstützten Menschen, der gezwungen ist, sich »mit Leib und Seele« an die grenzenlosen Forderungen des Systems nach Wachstum, Wettbewerb und Produktivität anzupassen.

Den Transhumanismus als revolutionär aufzufassen, so wie er regelmäßig präsentiert wird, eben dies fasst gut die grundlegende Mystifikation zusammen, der er heute unterliegt. Der Transhumanismus ist alles andere als ein Emanzipationsprojekt. Er erweist sich im Gegenteil als ideologisch zutiefst konservativ. Sein Versprechen eines dank Technik und Wissenschaft erweiterten Menschen stellt eine Verabschiedung von allem Politischen dar, denn es bedeutet eine Abkehr davon, auf die Welt einzuwirken, um sie zu verändern. Den Menschen zu optimieren, um nicht das System ändern zu müssen, ist sein zentrales Dogma. Der Transhumanismus ist nicht vom heutigen Biokapitalismus zu trennen, dessen ideologischen Überbau er in mancher Hinsicht darstellt, und ist durch seine Leugnung aller Grenzen für das menschliche Leben auf der Erde ebenso eng mit der heutigen ökologischen Krise verbunden. Wenn der Transhumanismus aber problematisch ist, so liegt das nicht daran, dass er die menschliche Natur oder ein unantastbares Menschliches bedroht, sehr wohl aber daran, dass er in seinen ganz unterschiedlichen Ausdrucksformen für ein gesellschaftliches Projekt und ein Verhältnis zur Welt steht, das politisch, sozial und ökologisch unerträglich ist. Wir müssen uns entscheiden, ob wir die soziale Entwicklung in eine radikal andere Richtung lenken und eine ganz andere Beziehung zum Leben gestalten wollen, wozu uns die vielfältigen Strömungen der politischen Ökologie, des Ökofeminismus und des Nullwachstums einladen, oder ob wir uns anpassen, mit großer Unterstützung durch die Technologien der Manipulation des Menschen. Diese Entscheidung ist zweifellos die wichtigste, vor die uns der Transhumanismus stellt.

ANMERKUNGEN

1. KAPITEL

Die ideologischen Ursprünge des Transhumanismus

I. Die Aufklärung und die Suche danach, den Menschen zu vervollkommnen

1. Für eine ausführlichere historische Darstellung zu diesem Thema siehe John Passmore, *The Perfectibility of Man*, Indianapolis, Liberty Fund, 2000; ebenso N. Le Dévédec, *La société de l'amélioration. La perfectibilité humaine, des lumières au transhumanisme*, Montréal, Liber, 2015

2. Als eine der ersten und besonders begeisterten dieser Traktate bringt dies die berühmte Abhandlung *Über die Würde des Menschen* des Pico della Mirandola von 1486 zum Ausdruck

3. James Hughes, »Contradictions from the Enlightenment Roots of Transhumanism«, in: *The Journal of Medecine and Philosophy*, 2010, No. 35/6, S. 622–40. Siehe auch: Nick Bostrom, »A History of Transhumanist Thought«, in: *Journal of Evolution and Technology*, Bd. 14, No. 1, 2005

4. Pierre-André Taguieff, *Le Sens du progrès. Une approche historique et philosophique*, Paris, Flammarion, 2004, S. 241

5. Francis Bacon, *Nova Atlantis* (1627), zitiert nach der Ausgabe bei Flammarion: *La Nouvelle Atlantide*, Paris 2000, S. 119

6. ebd. S. 132–133

7. Nicolas de Condorcet, *Esquisse d'un tableau historique des progrès de l'esprit humain. Suivi du fragment sur l'Atlantide* (1795), Paris, Flammarion, 1988, S. 813

8. Christophe Bouton, *Le procès de l'histoire*, Paris, Vrin, 2004, S. 33

9. Nicolas de Condorcet, a.a.O., S. 265–266

10. ebd., S. 293

11. ebd., S. 294

12. André Beijin, »Condorcet, précurseur du neo-malthusianisme et l'eugénisme républicain«, in: *Histoire, économie et société*, 7. Jgg., Nr. 3, 1988

13. Michael E. Winston (Hg.), *From Perfectibility to Perversion. Meliorism in Eighteenth-Century France*, New York, 2005; Xavier Martin, *Régénérer l'espèce humaine. Utopie médicale et Lumières (1750–1850)*, Bouère, Dominique Martin Morin, 2008

14. Charles-Augustin Vandermonde, *Essai sur la manière de perfectionner l'espèce humaine*, Paris, Vincent, 1756, S. 100

15. Pierre-Jean-Georges Cabanis, *Rapports du physique et du moral de l'homme* (1802), Paris, J.-B. Baillière, 1844, S. 298

16. siehe N. Le Dévédec, *La société de l'amélioration*, op. cit.

17. Jean-Jacques Rousseau, *Discours sur l'origine et les fondements de l'inégalité parmi les hommes* (1755), Paris, Flammarion, 1992

18. Alain Renaut, *L'Ère de l'individu. Contribution à une histoire de la subjectivité*, Paris, Gallimard, 1989, S. 53

19. Jean-Jacques Rousseau, op. cit., S. 183

II. Im Zeichen des Fortschritts: von der Wissenschaftsgläubigkeit zur Eugenik

1. Guy Ménard, Christian Miquel, *Les ruses de la technique. Le symbolisme des techniques à travers l'histoire*, Paris, Méridiens Klincksieck, 1988, S. 228

2. Auguste Comte, zitiert bei Pierre-André Taguieff, op. cit., S. 211

3. Auguste Comte, *Philosophie des Sciences* (1844) Paris, Gallimard, 1996, S. 286

4. Auguste Comte, »Plan des travaux scientifiques nécessaires à la réorganisation scientifique de la société« (1822), in: *Philosophie des sciences* (1844), Paris, Gallimard, 1996

5. Auguste Comte, *Système de politique positive ou Traité de sociologie, instituant la Religion de l'Humanité*, Paris, Carilian-Goeury et Dalmont, 1851, Bd. 1, S. 618–619. Für eine ausführlichere Darstellung dieses Aspekts im Denken von Comte siehe: J-F. Braunstein, *La Philosophie de la médicine d'Auguste Comte. Vaches carnivores, vierges mères et morts vivants*, Paris, PUF, 2009

6. Auguste Comte, *Système de politique positive*, op. cit., S. 667

7. ebd., S. 668

8. Daniel Becquemont, Laurent Mucchielli, *Le Cas Spencer*, Paris, PUF, 1998, S. 2

9. Herbert Spencer, *Essai sur le progrès*, Paris, Germer Baillière, 1877, S. 6

10. siehe insb. Patrick Tort, *Darwin et le darwinisme*, Paris, PUF, 2011, S. 128

11. Herbert Spencer, *Principes de sociologie*, Paris, Félix Alcan, 1883, Bd. 1, S. 327

12. vgl. Pierre-André Taguieff, *L'Eugénisme*, Paris, PUG, 2020

13. Francis Galton, *Inquiries into Human Faculty and Its Development*, London, Macmillan, 1883, S. 25.
14. vgl. Catherine Bachelard-Jobard, *L'Eugénisme, la science et le droit*, Paris 2001
15. vgl. insb. Franck Damour, Olivier Dard, David Doat (Hg.), *L'Homme augmenté en Europe. Rêve et cauchemar de l'entre-deux-guerres*, Paris, Hermann, 2021

III. Die Kybernetik und die Idee der Koppelung von Mensch und Maschine

1. David Pucheu, »Contrôler l'évolution. Anatomie d'une croyance occidentale«, in: Franck Damour, Olivier Dard, David Doat (Hg.), *L'Homme augmenté en Europe*, op. cit., S. 216
2. Norbert Wiener, *Cybernetics. Or Control & Communication in the Animal and the Machine*, Cambridge, Massachusetts, MIT press, 1948 (deutsch: *Kybernetik. Regelung und Nachrichtenübertragung im Lebewesen und in der Maschine*, 1948)
3. Für einen tieferen soziologischen Blick auf die Kybernetik, vgl. Céline Lafontaine, *L'Empire cybernétique. Des machines à penser à la penséemachine*, Paris, Le Seuil, 2004
4. David Pucheu, op. cit., S. 217
5. Benjamin Norguet, »Cybernétique et transhumanisme chez Norbert Wiener«, in: *La Notion d'humanité dans la pensée contemporaine*, Nanterre, Presses universitaires de Paris, Nanterre, 2019
6. Norbert Wiener, *Cybernétique et société. L'Usage humain des êtres humains*, Paris, UGE, »10/18«, 1962, S. 43
7. Norbert Wiener, *Mensch und Menschmaschine, Kybernetik und Gesellschaft*, Frankfurt a. M., Athenäum, 1964, S. 36
8. Norbert Wiener, *Cybernétique et société*, a.a.O, S. 53
9. ebd., *Mensch und Menschmaschine*, a.a.O., S. 26
10. Céline Lafontaine, op. cit., S. 219
11. ebd., S.31
12. Norbert Wiener, *Cybernéthique et société*, S. 56
13. ebd., S. 104
14. Norbert Wiener, zitiert bei B. Noguet, op. cit.
15. Kathrine Hayles, *How We Became Posthuman. Virtual Bodies in Cybernetics, Literature and Informatics*, Chicago und London, The University of Chicago Press, 1999, S. 2.
16. Manfred E. Clynes, Nathan S. Kline, »Cyborgs and Space«, in: *Astronautics*, September 1960, S. 26–30

17. Filippo Tommao Marinetti, *Manifeste technique de la litterrature futuriste*, Mailand, Direktorium der futuristischen Bewegung, 1912

2. KAPITEL

Entstehung und Gründung der transhumanistischen Bewegung

I. Die Vorläufer der Bewegung

1. vgl. Alexandre Moatti, *Une histoire française du transhumanisme. France 1930–1980*, Paris, Odile Jacob, 2020
2. J. Huxley, *New Bottles for New Wine*, London 1957, S.17
3. vgl. Hava Tirosh-Samuelson, »The Prophets of Transhumanism. England in the 1920s«, in: *Building Better Humans? Refocusing the Debate on Transhumanism*, New York, Peter Lang, 2012
4. vgl. hierzu Jean-Yves Goffi, »Portrait du biologiste en dictateur«, in: Franck Damour, O. Dard, D. Doat (Hg.), *L'Homme augmenté en Europe*, op. cit.
5. vgl. Rémi Sussan, *Les utopies posthumaines. Contre-culture, cyberculture, culture du chaos*, Mouans-Sartoux, Omnisciences, 2005 ; F. Turner, *Aux sources de l'utopie numérique. De la contre-culture à la cyberculture. Stewart Brand un homme d'influence*, Paris, C&F éditions, 1912
6. Paul Vitello, »Robert C. W. Ettinger. A Proponent of Life After (Deep-Frozen) Death, Is Dead at 92«, in: *The New York Times*, 29. Juli 2011
7. Robert C. W. Ettinger, *The Prospect of Immortality*, 1962, S. 11–12, https://cryonics.org/cryonics-library/the-prospect-of-immortality/
8. Franck Damour, »Le Transhumanisme au xxie siècle«, in Franck Damour, S. Deprez, D. Doat, *Généalogie et nature du transhumanisme*, Montréal, Liber, 2018, S. 61
9. Robert C. W. Ettinger, *Man Into Superman. After Immortality … Comes Transhumanity. And Our Generation Can Be Part of It*, New York, St. Martin's Press, 1972, S. 37
10. FM-2030, *Up-Wingers, A Futurist Manifesto* (1973). Das Zitat ist im Internet zu finden: *http://www.upwingers.com/*
11. F. Benoît, »FM-2030. Précurseur du transhumanisme«, in: *Slate*, 10. April 2019
12. ebd.
13. FM-2030, *Are You a Transhuman? Monitoring and Stimulating Your Personal Rate of Growth in a Rapidly Changing World*, New York, Warner Books, 1989, S. 126

14. 1983 Autorin des Transhumanistischen Manifests, verfügbar auf der Internetseite: https://www.humanityplus.org/the-transhumanist-manifesto

II. Max More und der Extropianismus

1. Für die ausführlichsten Informationen siehe: Mark O'Connell, *Aventures chez les transhumanistes. Cyborgs, techno-utopistes, hackers et tous ceux qui veulent résoudre le modeste problème de la mort*, Paris, L'Échappée, 2018, S. 45; Franck Damour, »Le Mouvement transhumaniste. Approches historiques d'une utopie technologique contemporaine«, in: *Vingtième Siècle. Revue d'histoire*, Bd. 138, Nr. 2, 2018
2. Das Zitat ist entnommen der Internetseite Atrop Institute-Wayback Machine: http//web.archive.org/web/20130403011140/http://www.extroipy.org./history.htm
3. Ed Regis, »Meet the Extropians«, in: *Wired*, 1. Oktober 2014
4. Max More (2003), »Principles of Extropy (Version 3.0): An evolving framework of values and standards for continuously evolving the human condition«. *Extropy Institute*.
5. Das Zitat ist der Internetsite von *Extropy* entnommen: http://extropy.org/About.htm
6. Max More, »Principles of Extropy«, a.a.O.
7. Max More, zitiert bei M. O'Connell, *Aventures chez les transhumanistes*, op. cit., S. 43
8. Zur Bedeutung von »Libertarismus« s. den Wikipedia-Eintrag dazu
9. vgl. Ben Murnane, *Ayn Rand and the Posthuman*
10. So heißt es auf der Internetseite der Bewegung: https://www.extropy.org/future.htm. Max More ist immer noch eine wichtige Persönlichkeit der transhumanistischen Bewegung. Eine Reihe von Jahren war er Vorsitzender der Alcor Life Extension Foundation in Scottsdale, Arizona, einer der wichtigsten internationalen Kryogenik-Organisationen. 2023 zählte man dort 203 durch Einfrieren »versiegelte« Personen. Siehe die Internetseite der Stiftung: https://www.alcor.org/
11. Franck Damour, *Le Transhumanisme*, op. cit., S. 52

III. Die Gründung der World Transhumanist Association

1. Der von David Pearce popularisierte hedonistische Imperativ ist ein ethisches Prinzip, demzufolge Menschen die moralische Pflicht haben, sich für die Verminderung und letztlich die Abschaffung jeglichen Leidens empfindender menschlicher und nicht-menschlicher Wesen einzusetzen.

2. Nick Bostrom, »The Transhumanist FAQ. A General Introduction, Version 2.1«, Oxford, Faculty of Philosophy Oxford University, 2003, https://nickbostrom.com/views/transhumanist.pdf.
3. Wir geben hier die Transhumanist Declaration von 2009 wieder, deren originaler Wortlaut auf der Internetseite der Organisation nachgelesen werden kann: https://www.humanityplus.org/the-transhumanist-declaration
4. siehe die Internetsite des IEET: https://ieet.org/about/
5. Zur techno-progressiven Philosophie s. James Hughes, *Citizen Cyborg. Why Democratic Societies Must Respond to The Redesigned Human of The Future*, New York, Basic Books, 2004 ; J. Hughes, »The Politics of Transhumanism. Version 2.0«, Cambridge, Society for Social Studies of Science, März 2002, https://fr.scribd.com/document/212938061/The-Politics-of-Transhumanism-docx
6. zitiert aus der Internetsite des IEET: https://ieet.org/phlosophy/
7. John Sutherland, »The Ideas Interview. Nick Bostrom«, in: *The Guardian*, 9. Mai 2006
8. Franck Damour, *Le Transhumanisme*, op. cit., S. 62

IV. Eine vielfältige Bewegung

1. Franck Damour, op-cit., S. 59
2. a.a.O.
3. Die Abkürzung NBIC steht für Nanotechnologie, Biotechnologie, Informationstechnologie und Neurowissenschaften. Sie bezieht sich insbesondere auf den berühmten 2003 veröffentlichten von der National Science Foundation und dem amerikanischen Handelsministerium in Auftrag gegebenen Bericht, der sich mit der zunehmenden Konvergenz der neuen Technologien befasst. Siehe Mihail C. Roco, William Sims Bainbridge, *Converging Technologies for Improving Human Performance. Nanotechology, Biotechnology, Information Technology and Cognitive Science*, Dordrecht, Kluwer Academic Publishers, 2003
4. Harry McCraken, Lev Grossman, »Can Google Solve Death?«, in: *Time Magazine*, September 2013
5. Google X, vormals Google X Lab, ist ein Komplex, der an bahnbrechenden Innovationen auf dem Gebiet der Robotik und der KI arbeitet.
6. GAFAM ist die Abkürzung für die größten Tech-Unternehmen: Google (heute Alphabet), Amazon, Facebook (heute Meta), Apple und Microsoft.
7. vgl. Olivier Lascar, *Enquête sur Elon Musk. L'homme qui défie la science*, Paris, Alisio, 2022

8. Ray Kurzweil, *The Age of Spiritual Machines. When Computers Exceed Human Intelligence*, London, Viking and Penguin Books, 1999; R. Kurzweil, Terry Grossman, *Fantastic Voyage. Live long enough to live forever*, New York, Penguin Books, 2004; R. Kurzweil, *The Singularity Is Near. When Humans Transcend Biology*, New York, Penguin Books, 2005
9. Zitiert nach der Internetsite der Singularity University: https://su.org/about/
10. Nick Bostrom hat sich in den letzten Jahren etwas von der transhumanistischen Bewegung distanziert. Nichtsdestoweniger ist er mit seinen Überzeugungen und Forschungen immer noch einer ihrer wichtigsten Repräsentanten.
11. Julian Savulescu, Nick Bostrom (Hg.), *Human Enhancement*, Oxford, Oxford University Press, 2011; J. Savulescu, R. Ter Meulen, G. Kahane (Hg.), *Enhancing Human Capacities*, Hoboken, Wiley-Blackwell, 2011; S. Clarke, J. Savulescu, C. A. J. Coady, A. Giubilini, S. Sanyal (Hg.), *The Ethics of Human Enhancement. Understanding the Debate*, Oxford, Oxford University Press, 2016
12. In Deutschland waren das zuletzt De:Trans – Deutsche Gesellschaft für Transhumanismus e.V. oder Cyborgs e.V. (d. Übers.)
13. siehe die Website der Bewegung: https://transhumanistes.com/presentation/
14. Genaueres zu der Gesellschaft und ihrer Idee findet sich bei G. Dorthe, »Malédiction des objets absents. Explorations épistémiques, politiques et écologiques du mouvement transhumaniste par un chercheur embarqué«, Doktorarbeit, Lausanne, 2019
15. Eine Transhumane Partei Deutschland (TPD) wurde 2015 gegründet (d. Übers.).
16. siehe C. Fievet, *Body hacking. Pirater son corps et redéfinir l'humain*, Limoges, FYP éditions, 2012

3. KAPITEL

Der Transhumanismus, seine Werte und seine wichtigsten Forderungen

I. Sich von der »Tyrannei der Natur« befreien

1. Didier Coeurnelle, Marc Roux, *Technoprog. Le Transhumanisme au service du progrès social*, Limoges, FYP éditions, 2016, S. 18
2. Max More, »A Letter to Mother Nature«, 1999, https://strategicphilosophy.blogspot.com/2009/05/its-about-ten-years-since-i-wrote.htm

3. Simon Young, *Designer Evolution. A Transhumanist Manifesto*, New York, Prometheus Books, 2006, S. 32
4. Stelarc, zitiert bei: M. Maestrutti, *Imaginaires des nanotechnologies. Mythes et fictions de l'infiniment petit*, Paris, Vuibert, 2011, S. 135
5. Zoltan Istvan, »Transhumanism and Our Outdated Biology«, in: *HuffPost*, 21. April 2016
6. Hans Moravec, *Une vie après la vie*, Paris, Odile Jacob, 1992, S. 124
7. siehe v.a.: Simon Young, *Designer Evolution*, op. cit.
8. Die Formulierung stammt von Nick Bostrom: »In Defense of Posthuman Dignity«, in: *Bioethics*, Bd. 19, No 3
9. ebd.
10. ebd.

II. Die menschlichen Fähigkeiten vervollkommnen, die Grenzen des Todes verschieben

1. Nick Bostrom, »Qu'est-ce que le transhumanisme ? Version 3.2«, vollständig zu lesen auf der Website Intelligence artificielle et transhumanisme:https://iatranshumanisme.com/quest-ce-que-le-transhumanisme-version-3-2/
2. Simon Young, *Designer Evolution*, op. cit.
3. Didier Coeurnelle, Marc Roux, *Technoprog.*, op. cit., S. 14
4. Ronald Bailey, *Liberation Biology. The Scientific and Moral Case for the Biotech Revolution*, Amherst, New York, Prometheus Books, 2005
5. Ramez Naam, *More Than Human. Embracing the Promise of Biological Enhancement*, New York, Broadway Books, 2005
6. Nick Bostrom, »Human Genetic Enhancements. A Transhumanist Perspective«, in: *The Journal of Value Inquiry*, 2003, vol. 37, no 4, S. 493-506
7. Ray Kurzweil, »Human Body Version 2.0«, in: *Kurzweil. Tracking the Acceleration of Intelligence*, 16. Februar 2003
8. Zu diesem Thema siehe S. Martin, *Le désenfantement du monde. Utérus artificiel et effacement du corps maternel*, Montréal, Liber, 2011
9. Nick Bostrom, Anders Sandberg, »Converting Cognitive Enhancements«, in: *Annals of the New York Academy of Sciences*, Bd. 1093, 2006, S. 201-207
10. Ronald Bailey, zitiert bei M. Robitaille, »Le Cyborg contemporain. Quand les technosciences visent le remodelage du corps humain«, in: *Interrogations*, No 7, Dezember 2008
11. Pablo Maillé, »Le long-termisme va-t-il sauver le monde?«, in: *Usbek et Rica*, 12. Februar 2023

12. David Pearce, »The Hedonistic Imperative«, https://archive.org/details/the-hedonistic-imperative/mode/2up
13. Nick Bostrom, »Qu'est-ce que le transhumanisme?«, op. cit.
14. Brian Earp, Julian Savulescu, *Love Drugs. The Chemical Future of Relationships*, Stanford, Stanford University Press, 2020
15. Max More, »A Letter to Mother Nature«, op. cit.
16. Der Terminus »Amortalität« wurde zuerst von dem Soziologen Edgar Morin geprägt, um »Die unbegrenzte Fähigkeit zu leben« zu bezeichnen, »solange es nicht zu einem Unfall kommt.« E. Morin, *L'Homme et la mort*, Paris, Seuil, 1970. Zu diesem Thema siehe auch Céline Lafontaine, *La Société postmortelle. L'individu, le lien social et la mort*, Paris, Seuil, 2008
17. Marc Roux, »Technoprogressisme et frontières de l'humain. Au-delà de l'horizon«, in Franck Damour, Stanislas Deprez, David Doat (Hg.), *Généalogies et nature du transhumanisme*, Montréal, Liber, 2018

III. Die Freiheit der Selbstgestaltung und das Prinzip der Proaktivität

1. Nick Bostrom, »The Transhumanist FAQ. A General Introduction. Version 2.1.«, op. cit.
2. Nick Bostrom, »A History of Transhumanist Thought«, op. cit.
3. John Stuart Mill, zitiert bei James Hughes, *Citizen Cyborg*, op. cit., S. 11
4. Dale Carrico, »The Politics of Morphological Freedom«, in: *Amor Mundi blog*, 2. August 2006, https://amormundi.blogspot.com/2006/08/politics-of-morphological-freedom.html.
5. siehe dazu Salomé Bour, »Le Corps augmenté, nouveau lieu d'expression de soi«, in: V. Calais et alii, *Le Corps des transhumains*, Toulouse, éditions Érès, 2019, S. 31–56
6. Max More. »Technical Self-Transformation. Expanding Personal Extropy«, in: *Extropy*, #10, Winter-Frühling 1993, Bd. 4, No 2
7. ebd.
8. Anders Sandberg, »Morphological Freedom. Why We Not Just Want It, But Need It«, in: M. More, N. Vita More (Hg.), *The Transhumanist Reader. Classical and Contemporary Essays on The Science, Technology, and Philosophy of The Human Future*, Hoboken, Wiley-Blackwell, 2013, S. 56
9. ebd., S. 57
10. Nick Bostrom, »In Defense of Posthuman Dignity«, in: *Bioethics*, Bd. 19, No 3, 2005, S. 203
11. ebd., S. 213.
12. siehe insb. Nick Bostrom, »Human Genetic Enhancements. A Transhumanist Perspective«, op. cit.

13. ebd.
14. Max More, »The Proactionary Principle«, Extropy Institute Resources, 2004, https://www.extropy.org/proactionaryprinciple.htm
15. ebd.
16. ebd.
17. siehe Steve Fuller, Veronika Lipinska, *The Proactionary Imperative. A Foundation for Transhumanism*, London, Palgrave Macmillan, 2014

IV. Globale existentielle Risiken und das Überleben der Spezies Mensch

1. Nick Bostrom, »Existential Risks. Analyzing Human Extinction Scenarios and Related Hazards«, in: Journal of Evolution and Technology, Bd. 9, März 2002
2. Nick Bostrom, *Superintellingence. Paths, Dangers, Strategies*, Oxford, Oxford University Press, 2014, Deutsch: *Superintelligenz – Szenarien einer kommenden Revolution*, Suhrkamp, Berlin 2014
3. Xavier Ridel, »Elon Musk a si peur de l'intelligence artificielle qu'il veut augmenter le cerveau humain«, in: Slate, 28. März 2017. Dieselbe These vertritt der französische Unternehmer Laurent Alexandre in seinem Buch *La Guerre des intelligences. Intelligence artificielle versus intelligence humaine*, Paris, Éditions Jean-Claude Lattès, 2017. Für einen kritischen Blick siehe, Jean-Gabriel Ganascia, *Le mythe de la Singularité. Faut-il craindre l'intelligence artificielle?*, Paris, Seuil, 2017
4. Ingmar Persson, Julian Savulescu, *Unfit for the Future. The Need for Moral Enhancement*, Oxford, Oxford University Press, 2012
5. ebd., S. 2
6. Didier Coeurnelle, Marc Roux, op. cit., S. 37.
7. ebd.
8. ebd., S. 181
9. ebd., S. 183

4. KAPITEL

Biokonservative gegen Bioliberale: Es geht um die Natur des Menschen

1. vgl. dazu Peter Sloterdijk, »Die Domestikation des Seins«, in: *Nicht gerettet. Versuche nach Hidegger*, Frankfurt a. M., Suhrkamp 2001; ders., »Regeln für den Menschenpark. Ein Antwortschreiben zu Heideggers Brief über den Humanismus«, in: *Nicht gerettet*, op. cit.; sowie

Jürgen Habermas, *Die Zukunft der menschlichen Natur. Auf dem Weg zu einer liberalen Eugenik?*, Frankfurt a.M., Suhrkamp, 2005

I. Ist die menschliche Natur in Gefahr?

1. Francis Fukuyama, »Transhumanism. The World's Most Dangerous Idea«, in: *Foreign Policy*, No. 144, 2004, S. 42–43
2. ebd. S. 42
3. Francis Fukuyama, *Das Ende des Menschen*, Stuttgart/München, DVA, 2002
4. Francis Fukuyama, »Transhumanism«, op. cit., S. 42
5. Francis Fukuyama, *Das Ende des Menschen*, op. cit., S. 20
6. ebd., S. 25
7. Francis Fukuyama, »Transhumanism«, op. cit., S. 42
8. siehe dazu: L.ee M. Silver, *Remaking Eden. Cloning and Beyond in a Brave New World*, London, Harper Perennial, 1998; sowie: B. McKibben, *Enough. Staying Human in an Engineered World*, New York, Henry Holt, 2003
9. Francis Fukuyama, »Transhumanism«, op. cit., S. 43
10. Für eine ausführlichere Darstellung des Neokonservatismus siehe N. Le Dévédec, »Entre la sacralisation de la vie et l'essentialisation de la nature humaine. Un examen critique du bioconservatisme«, in: *Politique et Sociétés*, Bd. 36, No. 1, 2017; und ebenfalls: Pierre Bourgois, »Une critique politique du transhumanisme. Le bioconservatisme de Francis Fukuyama«, in: *Raisons politiques*, Bd. 74, No. 2, 2019, S. 119–13211
11. The President's Council on Bioethics, *Beyond Therapy. Biotechnology and the Pursuit of Happiness*, Washington, 2003, https://repository.library.georgetown.edu/bitstream/handle/10822/559341/beyond_therapy_final_webcorrected.pdf?sequence=1&isAllowed=y.
12. Mihail C. Roco, William Sims Bainbridge (Hg.), *Converging Technologies for Improving Human Performance*, Arlington, National Science Foundation, 2002, https://obamawhitehouse.archives.gov/sites/default/files/microsites/ostp/bioecon-%28%23%20023SUPP%29%20NSF-NBIC.pdf.
13. Leon Kass, *Life, Liberty, and the Defense of Dignity. The Challenge for Bioethics*, San Francisco, Encounter Books, 2002
14. Leon Kass, zitiert bei: A. Robitaille, »La Posthumanité ou le piège des désirs sans fin«, in: *Argument*, Bd. 7, No. 1, Herbst 2004-Winter 2005
15. Leon Kass, *Life, Liberty, and the Defense of Dignity*, op. cit., S. 150
16. Auch wenn er nicht denselben theologischen Hintergrund hat wie Kass, formuliert der politische Philosoph Michael Sandel eine ganz ähnliche Ethik des »Geschenks«: *The Case Against Perfection. Ethics in the Age of Genetic Engineering*, Harvard, Harvard University Press, 2007

II. Ein Symptom dafür, dass der Mensch seiner selbst müde ist

1. Zu erwähnen ist auch das 2003 erschienene Buch des Philosophen Dominique Lecourt, *Humain, posthumain. La technique et la vie*, Paris, PUF, 2003
2. Jean-Michel Besnier, *Demain les posthumains. Le futur a-t-il encore besoin de nous?* (2009), Paris, Fayard, 2012
3. Bill Joy, »Pourquoi le futur n'a pas besoin de nous. Les technologies les plus puissantes du xxie siècle. Le génie génétique, la robotique et les nanotechnologies menacent d'extinction l'espèce humaine«, In: *Wired*, April 2000
4. Jean-Michel, *Demain les posthumains*, op. cit., S. 130
5. Günther Anders, *Die Antiquitiertheit des Menschen, Bd. I. Über die Seele im Zeitalter der zweiten Industriellen Revolution*, München, Beck, 1985, S. 7
6. Jean-Michel Besnier, »Le Posthumanisme ou la fatigue d'être libre«, in: *La Pensée de midi*, 2010/1, No. 30, S. 79
7. Jean-Michel Besnier, »De quoi le transhumanisme est-il le symptôme?«, in: *Corps & Psychisme*, 2020/1, no 76, S. 121.
8. Jean-Michel Besnier, »D'un désir mortifère d'immortalité. À propos du transhumanisme«, in: *Cités*, Bd. 55, No. 3, 2013, S. 22. Aus einem ganz ähnlichen Blickwinkel hält der Biologe Jacques Testart die Versprechen der Transhumanisten für selbstmörderisch. Siehe J. Testart, A. Rousseaux, *Au Péril de l'humain. Les promesses suicidaires des transhumanistes*, Paris, Seuil, 2018
9. ebd., S. 22–23.
10. Jean-Michel Besnier, *L'Homme simplifié. Le syndrome de la touche étoile*, Paris, Fayard, 2012
11. Jean-Michel Besnier, *Demain les posthumains*, op. cit., S. 185
12. Olivier Rey, *Leurre et malheur du transhumanisme*, Paris, Desclée de Brouwer, 2018
13. Es ist bemerkenswert, wie viele Kritiker des Transhumanismus in Frankreich einen religiösen Hintergrund und sich vielfach zu Wort gemeldet haben. Neben dem Buch von O. Rey ist beispielsweise zu erwähnen das des Priesters und Physikers Thierry Magnin, *Penser l'humain au temps de l'homme augmenté. Face aux défis du transhumanisme*, Albin Michel, 2017
14. Olivier Rey, *Leurre et malheur du transhumanisme*, op. cit., S. 11.
15. ebd., S. 10–11
16. ebd., S. 87
17. ebd., S. 82–83
18. »Um eine Chance auf Erfolg zu haben, ist es nötig, sich zunächst einzugestehen, dass die Natur ihre eigene Beschaffenheit hat, ihre ganz eigene Würde.« ebd., S. 158
19. ebd., S. 177

III. Wir sind schon immer Cyborgs gewesen

1. Jean-Yves Goffi, »Transhumanisme«, in: M. Kristanek (Hg.), *L'Encyclopédie philosophique*, version académique, 2017, https://encyclophilo.fr/transhumanisme-a.
2. Fritz Allhoff and alii, *What Is Nanotechnology and Why Does It Matter? From Science to Ethics*, Oxford, Wiley-Blackwell, 2010
3. Alain Gallerand, *Qu'est-ce que le transhumanisme?*, Paris, Vrin, 2021, S. 11.
4. siehe Andy Clark, *Natural-Born Cyborgs. Minds, Technologies, and the Future of Human Intelligence*, New York, Oxford University Press, 2004
5. Gilbert Hottois, *Philosophie et idéologies trans/posthumanistes*, Paris, Vrin, 2017, S. 86
6. Peter Sloterdijk, »Die Domestikation des Seins«, op. cit., S. 225
7. ebd.
8. a.a.O., S. 202
9. John Harris, »Enhancement et éthique«, in: *Journal international de bioéthique*, 2011, Bd. 23, No. 3-4, S. 143
10. Gilbert Hottois, op. cit., S. 124
11. Luc Ferry, »Les cinq critiques du transhumanisme«, in: *FigaroVox*, 9. Mai 2018. Vgl. auch sein Buch *La Révolution transhumaniste. Comment la technomédecine et l'uberisation du monde vont bouleverser nos vies*, Paris, Plon, 2016

IV. Lieber regulieren als verdammen?

1. Allen Buchanan, *Beyond Therapy? The Ethics of Biomedical Enhancement*, Oxford, Oxford University Press, 2011, S. 14-15
2. Alain Gallerand, *Qu'est-ce que le transhumanisme?*, op. cit., S. 47
3. Henry Greely, »Regulating Human Biological Enhancements. Questionable Justifications and International Complications«, Sidney, *University of Technology Sydney Law Review*, 2005.
4. Henry Greely and alii, »Towards Responsible Use of Cognitive-Enhancing Drugs by the Healthy«, in: *Nature*, No. 456, 2009, S. 703
5. Fritz Allhoff, Patrick Lin, Jesse Steinberg, «Ethics of Human Enhancement. An Executive Summary«, in: *Science and Engineering Ethics*, Bd. 17, No. 2, 2011
6. ebd.
7. Gilbert Hottois, *Philosophie et idéologies trans/posthumanistes*, Paris, Vrin, 2017, S. 63
8. ebd., S. 61.
9. ebd., S. 63.

10. vgl. Allen Buchanan, Dan W. Brock, Norman Daniels, Daniel Wikler, *From Chance to Choice. Genetics and Justice*, Cambridge, Cambridge University Press, 2001

11. Alexandre Erler, »Les enjeux éthiques et sociaux du transhumanisme«, in: *Les Dossiers du CRÉ*, Montréal, 2015.

12. Maxwell J. Mehlman, *The Price of Perfection. Individualism and Society in the Era of Biomedical Enhancement*, Baltimore, Johns Hopkins University-Press, 2009, S. 93

13. Alain Gallerand, *Qu'est-ce que le transhumanisme?*, op. cit., S. 53

14. ebd., S. 221

15. Inmaculada de Melo-Martin, »Defending human enhancement technologies. Unveiling normativity«, in: *Journal Med Ethics*, 36(8), 2010, S. 483–7

16. vgl. Marc Hunyadi, *La Tyrannie des modes de vie. Sur le paradoxe moral de notre temps*, Lormond, Le Bord de l'eau, 2014. vgl. auch Cornelius Castoriadis, »Le Cache-misère de l'éthique«, in: *La Montée de l'insignifiance. Les carrefours du labyrinthe IV*, Paris, Seuil, 1996

5. KAPITEL

Der Transhumanismus, eine politische, soziale und ökologische Herausforderung

I. Der Transhumanismus oder die Entleerung des Politischen

1. siehe dazu die von Benjamin Bourcier herausgegebene Nummer von *Raisons politiques*, »Théories politiques du transhumanisme«, Presses de Science Po, No. 74, Mai 2018

2. Wir verweisen auf N. Le Dévédec, *Le Mythe de l'humain augmenté. Une critique politique et écologique du transhumanisme*, Montréal, Écosociété, 2021

3. Michael J. Sandel, *The Case Against Perfection. Ethics in the Age of Genetic Engineering*, Cambridge, Belknap Press of Harvard University Press, 2007, S. 97. Siehe auch M. Hunyadi, »Le Défi politique du posthumanisme«, in: *Études*, Bd. 3, No. 4214, März 2015, S. 61–62, ebenso wie N. Le Dévédec, »La grande adaptation. Le transhumanisme ou l'élusion du politique«, in: *Raisons politiques*, Presses de Science Po, No. 74, Mai 2018

4. Cornelius Castoriadis, *L'Institution imaginaire de la société*, Paris, Seuil, 1975.

5. siehe 3. Kapitel, S. 74
6. Ingmar Persson, Julian Savulescu, »Moral transhumanism«, in: *The Journal of Medicine and Philosophy*, Bd. 35, No. 6, Dezember 2010, S. 660
7. George Dvorsky, James Hughes, »Postgenderism. Beyond the Gender Binary«, Institute for Ethics Emerging Technologies, 20. März 2008 [online].
8. Julie Abbou, »La fin de l'ironie. Nature, sexe, féminisme et renouveau essentialiste dans le discours transhumaniste«, in: S. Bailly, G. Ranchon, S. Tomc, *Pratiques et langages du genre et du sexe. Déconstruire l'idéologie sexiste du binarisme*, Louvain-la-Neuve, EME Éditions, S. 145–180, 2016
9. ebd.
10. Der Kampf der bekennenden Transhumanistin und Transgender-Geschäftsfrau Martine Rothblatt ist repräsentativ für eine solche Entpolitisierung. Siehe Laurence Allard, »17. Martine Rothblatt. Transhumanisme et transgenderisme«, in; Franck Damour, S. Deprez, A. Romele (Hg.), *Le transhumanisme. Une anthologie*, Paris, Hermann, 2020, S. 265–283
11. Ray Kurzweil, »Human Body Version 2.0«, in: Kurzweil. *Tracking the acceleration of intelligence*, Februar 2003, www.kurzweilai.net/human-body-version-20
12. James Hughes, *Citizen Cyborg*, op. cit., S. 19–20
13. ebd. S. 20

II. Der erweiterte Mensch – das höchste Stadium des (Bio-)Kapitalismus?

1. vgl. zu diesem Thema Charles Perragin, Guillaume Renouard, »À quoi sert le mythe du transhumanisme?«, in: *Le Monde diplomatique*, 1, August 2018; Klaus Gerd-Giesen, »Le Ttranshumanisme comme idéologie dominante de la quatrième révolution industrielle«, in: *Journal international de bioéthique et d'éthique des sciences*, 2018/3, Bd. 29
2. Um genauer zu erfahren, worum es in diesem Kapitel geht, siehe N. Le Dévédec, *Le Mythe de l'humain augmenté. Une critique politique et écologique du transhumanisme*, Montréal, Écosociété, 2019, insb. Kapitel 2 und 3. Zu den Verbindungen zwischen Transhumanismus und Biopolitik siehe auch Francesco Paolo Adorno, *Le Désir d'une vie illimitée. Anthropologie et biopolitique*, Paris, Éditions Kimé, 2012
3. Barbara Stiegler, »*Il faut s'adapter*«. *Sur un nouvel impératif politique*, Paris, Gallimard, 2019
4. siehe Pierre Dardot, Christian Laval, *La Nouvelle Raison du monde. Essai sur la société néolibérale*, Paris, La Découverte, 2009

5. Barbara Stiegler, »On sous-estime l'hégémonie culturelle du néolibéralisme«, propos recueillis par C. André, Alternatives Économiques, vol. 390, no 5, 2019
6. Pierre Dardot, Christian Laval, *La Nouvelle Raison du monde*, op. cit., S. 66
7. Wendy Brown, *Défaire le dèmos. Le néolibéralisme, une révolution furtive*, Paris, Éditions Amsterdam, 2018, S. 17
8. Walter Lippmann, zitiert bei B. Stiegler, »*Il faut s'adapter*«, op. cit., S. 258
9. Nikolas Rose, *The Politics of Life Itself. Biomedicine, Power and Subjectivity in the Twenty-First-Century*, Princeton, Princeton University Press, 2007, S. 3
10. ebd., S. 20
11. siehe dazu auch: Céline Lafontaine, »La Biocitoyenneté à l'ère du néolibéralisme«, in: *Relations*, Septembee-Oktobee 2017
12. Sébastien Dalgalarrondo, Tristan Fournier, »Introduction. Les morales de l'optimisation ou les routes du soi«, in: *Ethnologie française*, Bd. 49, No. 4, 2019, S. 639–651
13. siehe Andy Miah, »Justifying Human Enhancement. The Accumulation of Biocultural Capital«, in Max More, Natasha Vita-More (Hg.), *The Transhumanist Reader*, op. cit., S. 291–301
14. Céline Lafontaine, »Le corps lui-même perd ses frontières« par Philippe Vion-Dury, in: *Socialter*, 21. Januar 2022, https://www.socialter.fr/article/celine-lafontaine-corps-frontiere.
15. siehe dazu insb. Céline Lafontaine, *Le Corps-Marché. La marchandisation de la vie humaine à l'ère de la bioéconomie*, Paris, Seuil, 2014. Der Soziologe Fabrice Colomb spricht diesbezüglich von einem regelrecht kannibalischen Kapitalismus: Fabrice Colomb, *Le Capitalisme cannibale. La mise en pièces du corps*, Paris, L'Échappée, 2023
16. siehe dazu insb. Silvia Federici, *Par-delà les frontières du corps. Repenser, refaire et revendiquer le corps dans le capitalisme tardif*, Montréal, Les éditions du remue-ménage, 2020
17. Academy of Medical Sciences (AMS), *Human Enhancement and the Future of Work*, London, 2012, S. 53, https://acmedsci.ac.uk/filedownload/35266-135228646747.pdf
18. Carl Cederström, »Like it or not, ›Smart Drugs‹ are coming to the office«, in: *Harvard Business Review*, 19. Mai 2016. Für eine soziologische Analyse des Phänomens siehe: J. Collin, M. Otero, »Insiders, smart drugs et pharmaceuticalisation. Éléments pour une typologie de la nouvelle déviance conformist«, in: *Cahiers de recherche sociologique*, No. 59-60, Herbst 2015 – Winter 2016
19. siehe dazu auch: B. Bloomfield, Karen Dale, »Fit for work? Redefining ›Normal‹ and ›Extreme‹ through Human Enhancement Technologies«,

in: *Organization*, Bd. 22, No. 4, 2015, S. 552–569; N. Le Dévédec, »The Biopolitical Embodiment of Work in the Era of Human Enhancement«, in: Body & Society, Bd. 26, No. 1, 2020; N. Le Dévédec, »Corps augmentés, êtres exploités«, in: *Relations*, No. 792, September–Oktober 2017

20. Jonathan Crary, *24/7. Le capitalisme à l'assaut du sommeil*, Paris, La Découverte, 2013, S. 13

III. Der Transhumanismus oder das andere Gesicht der ökologischen Krise

1. siehe Renaud Garcia, *Le Sens des limites. Contre l'abstraction capitaliste*, Paris, L'Échappée, 2018

2. siehe dazu auch: Aurélien Berlan, *Terre et liberté. La quête d'autonomie contre le fantasme de délivrance*, Paris, Éditions La Lenteur, 2021

3. Pierre Madelin, *La Terre, les corps, la mort. Essai sur la condition terrestre*, Bellevaux, Éditions Dehors, 2022

4. siehe Peter Diamandis, *Abundance. The Future Is Better Than You Think*, Free Press, 2012

5. Vielmehr trägt sie zu einer immer größeren Enteignung und Entfremdung der Menschen im Rahmen des Poduktionskapitalismus bei, siehe David Noble, *Le Progrès sans le peuple. Ce que les nouvelles technologies font au travail*, Agone, Contre-feux, 2016; F. Jarrige, *Technocritiques. Du refus des machines à la contestation des technosciences*, Paris, La Découverte, 2016

6. siehe Carolyn Merchant, *La Mort de la nature, les femmes, l'écologie et la Révolution scientifique*, Marseille, Wildproject, 2021

7. Pierre Madelin, *Après le capitalisme. Essai d'écologie politique*, Montréal, Écosociété, 2017, S. 142

8. siehe Pascal Chabot, *Global burn-out*, Paris, PUF, 2013

9. vgl. N. Le Dévédec, »Le Fantasme transhumanisme ou l'autre visage de la crise écologique«, in: *Terrestres*, 15 Oktober 2022

10. Für eine kurze Zusammenfassung dazu, was der Transhumanismus mit der Ökologie zu tun hat, siehe: Gabriel Dorthe, Johann Roduit, »Modifier l'espèce humaine ou l'environnement? Les transhumanistes face à la crise écologique«, in: *Bioethica Forum*, Bd. 7, No. 3, 2014, S. 79–86

11. S. Matthew Liao, Anders Sandberg, Rebecca Roache, »Human Engineering and Climate Change«, in: *Ethics, Policy & Environment*, Bd. 15, No. 2, 2012, S. 207

12. ebd., S. 208

13. Technoprog, »Manifeste viridien. Propositions technoprogressistes et écologistes«, 26. Februar 2020, https://transhumanistes.com/manifeste-viridien-propositions-technoprogressistes-et-ecologistes/
14. Didier Coeurnelle, Marc Roux, Technoprog, op. cit., S. 218
15. ebd., S. 189
16. ebd., S. 190
17. siehe Rémi Beau, »Libérer les hommes et la nature! Fantômes et fantasmes de l'écomodernisme«, in: *Tracés. Revue de sciences humaines*, No. 33, 2017, S. 171–188
18. Pierre Madelin, »La Mort est une question fondamentalement écologique«, in: *Kaizen*, No. 35, 2017
19. siehe v.a.: Maria Mies, Veronika Bennholdt, *La Subsistance. Une perspective écoféministe*, La Lenteur, 2022; É. Hache, *Ce à quoi nous tenons. Propositions pour une écologie pragmatique*, Paris, La Découverte, 2011
20. Geneviève Azam, »Abandonner le délire prométhéen d'une maîtrise infinie du monde«, in: *Sciences critiques*, 15. September 2018

LITERATUR

Besnier, Jean-Michel: *Demain les posthumains. Le futur a-t-il encore besoin de nous?*, Paris, Hachette, 2009

Buchanan, Allen: *Beyond Humanity? The Ethics of Biomedical Enhancement*, Oxford, Oxford University Press, 2011

Bostrom, Nick und Savulescu, Julian: *Human Enhancement*, Oxford, Oxford University Press, 2009

Coeurnelle, Didier und Roux, Marc: *Technoprog. Le transhumanisme au service du progrès social*, Limoges, FYP Éditions, 2016

Damour, Franck: *Le Transhumanisme. Histoire, technologie et avenir de l'humanité augmentée*, Paris, Eyrolles, 2019

ders., Deprez, Stanislas, Doat, David (Hg.), *Généalogies et nature du transhumanisme. État actuel du débat*, Montréal, Liber, 2018

Damour, Franck und Deprez, Stanislas, Romele, Alberto (Hg.): *Le Transhumanisme. Une anthologie*, Paris, Hermann, 2021

Damour, Franck und Doat D.: *Le Transhumanisme. Quel avenir pour l'humanité?*, Le cavalier bleu, 2018

Gallerand, Alain: *Qu'est-ce que le transhumanisme?* Paris, Vrin, 2021

Hottois, Gilbert: *Philosophie et idéologies trans/posthumanistes*, mit einem Vorwort von Jean-Yves Goffi, Paris, Vrin, 2017

Hughes, James: *Citizen Cyborg. Why Democratic Societies Must Respond to the Redesigned Human of the Future*, Westview Press, 2004

Le Dévédec, Nick: *La société de l'amélioration. La perfectibilité humaine, des lumières au transhumanisme*, Montréal, Liber, 2015

ders., *Le mythe de l'humain augmenté. Une critique politique et écologique du transhumanisme*, Montréal, Écosociété, 2021.

More, Max und Vita-More, Natasha (Hg.): *The Transhumanist Reader. Classical and Contemporary Essays on the Science, Tech-*

nology, and Philosophy of the Human Future, Hoboken, Wiley-Blackwell, 2013

O'Connell, Max: *Aventures chez les transhumanistes. Cyborgs, technoutopistes, hackers et tous ceux qui veulent résoudre le modeste problème de la mort*, Paris, L'Échappée, 2018